Christian Hawle

Richard Zach:
„Gelebt habe ich doch!"

Biografische Texte zur Geschichte der österreichischen Arbeiterbewegung

Band 3

Historische Kommission
beim Zentralkomitee der KPÖ

Christian Hawle

Richard Zach
„Gelebt habe ich doch!"

Globus Verlag Wien

Einband: Pascal Schmid
unter Verwendung einer Ölkreidenskizze von Richard Zach.
Grafiken und Zeichnungen: ausschließlich von Richard Zach.
Bildnachweis: Alfred Zach sowie Elfriede und Dr. Alois Geschwinder.
Wir danken Alfred Zach für die freundliche Genehmigung zum Abdruck
der Gedichte von Richard Zach.

Alle Rechte vorbehalten

© 1989
Globus Zeitungs-, Druck- und Verlagsanstalt
Gesellschaft m.b.H., Wien

ISBN 3-85364-207-1

Gesamtherstellung: Globus, Wien XX

Mahnung

Wir wollen nicht mit düstren Mienen klagen!
Das wäre ein Betrug am eignen Glauben.
Und was uns diese tatenlosen Jahre rauben,
läßt sich durch keine Tränenseufzer sagen.
Das fühlt nur, wer es Tag für Tag verspürte,
lebendig tot in Mauersärgen eingeschlossen,
aus der Gemeinschaft seiner Brüder fortgestoßen,
belastet mit der ewig gleichen Bürde:
den vielen Stunden, die nie wiederkehren,
und die hier leer und ohne Sinn verfließen.
Wie reichen Segen könnten sie erschließen!
So sind sie Schatten, die Dein Licht verzehren.

Wir wollen nicht in bittren Worten fluchen,
weil Schergen unser junges Leben nehmen,
die Kraft von Hirn und Hand durch Hunger lähmen.
Die Angst vor morgen ließ sie solche Mittel suchen.
Wir hätten ihren Haß bedenken müssen,
wenn auch die Kämpfer nie das Krüppeltum erwägen.
Und zwang uns nicht die Not mit bittren Schlägen?!
Und trat uns nicht die Willkür mit den Füßen?
D i e Wut wird kühl und gut die Zeit vergelten
durch unsern Sieg, den keine Macht verhindert.
Gerechtigkeit, die alles Unrecht lindert,
beherrscht am Ende doch den Gang der Welten!

Es ist auch nicht, daß wir nach spätern Ehren brennen,
und unsere Pflicht, gleich, ob wir dran zerbrachen,
mit Dulderblick zur feilen Ware machen!
Nur ihr, Genossen, sollt es immer anerkennen,
daß wir verschenkten, was uns niemand wiedergibt,
um Grund zu legen für die wahrhaft großen Werke!
Wenn ihr beweisen wollt, daß ihr uns liebt,
setzt ein für diese alle eure Stärke!

Für Lisa

Inhalt

Einleitung	9
Umwälzungen und Übergänge	15
Die Familie Zach	17
Kindheit und frühe Jugend	31
Die Ballade vom Februar 1934	42
Entscheidungen	49
Politische Lehrjahre	58
Gruppengründung	64
Bildungsarbeit	76
Jugendbetrachtungen	86
Zwischen den Faschismen	98
Faschismus bedeutet Krieg!	108
Antifaschistische Öffentlichkeitsarbeit	123
Die Verhaftungswelle	131
Ende und Anfang	140
Schaffensfieber	162
Das Werk	178
Die Nachwelt	196
Anmerkungen	210
Gedichteverzeichnis	215
Namensverzeichnis	218

Einleitung

Es ist der 27. Juni 1985. Ich sitze im Zug nach Graz — der „Stadt der Volkserhebung", wie sie von den Nazis genannt wurde und worauf mich Grazer in einem scheinbar anderen Zusammenhang dann hinweisen werden. Aus Freude über den bevorstehenden „Anschluß" wollten sich hier die illegalen Nationalsozialisten bereits Wochen vor den Märzereignissen 1938 „erheben" und damit ihren Gehorsam vorauseilend demonstrieren. Ein Reiseprospekt spricht heute lakonisch von der „Stadt mit Vergangenheit und Gegenwart". Es ist in erster Linie Vergangenes, was mich nach Graz führt.

Seit Bruck an der Mur verläuft fast parallel zu den Bahngeleisen jener Fluß, dessen Ziel ebenfalls die mir noch unbekannte zweitgrößte Stadt Österreichs ist. Ungeduldig und mit Spannung sehe ich meinem Empfang am Grazer Hauptbahnhof entgegen. Zwei Männer, die ich nie zuvor getroffen habe, werden mich dort erwarten. Auch sie wissen nichts von mir und nur Vages von meinem Vorhaben. Eine rote Nelke ist es, die uns im zu erwartenden Menschengewirr zusammenführen soll.

Den Stimmen am Telefon nach versuche ich mir die beiden Männer vorzustellen: Geschwinder groß, möglicherweise mit Bart, Alfred Zach ein wenig kleiner, vielleicht eine Brille. Insgesamt zwei gesetzte, ältere Herren. Werden sie mir, 40 Jahre nach der Befreiung unseres Landes vom Faschismus, weiterhelfen wollen? Ist ihnen die Sache Richard Zachs, die ja auch ihre eigene gewesen war, nach so langer Zeit noch ein Anliegen?

Die angesteckte rote Nelke erfüllt ihren Zweck. Kurz nach dem Verlassen des Zuges begrüßen mich jene zwei Männer, deren äußere Erscheinung ich mir zuvor ganz anders gedacht hatte. Keine Brille, keinen Bart, von der Größe her genau umgekehrt. Unsinnig die Frage, ob sie mir weiterhelfen wollen. Die Sache Richard Zachs war und ist ihre eigene! Ohne ihres und des Beitrages anderer wäre sie, wie ich im Zuge meiner Recherchen immer wieder feststellen mußte, vermutlich in Vergessenheit geraten.

Die Menschen, die ich dann in der Hauptstadt dieses südlichen Bundeslandes kennenlerne, beeindrucken mich. Relativ früh muß ich erkennen, daß es hier nicht um förmliche Interviews oder ähnliches gehen kann. Die Grenzen formeller Gastfreundschaft zusehends überschreitend, werde ich bald wie ein Freund behandelt, dessen Bereitschaft, sich angesichts seines noch jugendlichen Alters in so einer Angelegenheit zu engagieren, voller Respekt gezollt wird. Daß solch ein Engagement hierzulande nicht unbedingt auf öffentliche oder offizielle Unterstützung rechnen kann, wissen meine Gesprächspartner nur allzugut aus eigener Erfahrung.

Ich fühle mich schnell integriert in einen Kreis, den nach wie vor jener Name zusammenzuhalten scheint, der in den Augen dieser Menschen besonders heute für mehr als für dessen Träger stehen dürfte. Es ist ein langer Lebensabschnitt, der sich in Hirn und Herz eingeprägt hat, eine bestimmte Lebensweise und Lebensanschauung der Jugend einer für mich anderen Generation, was hier mit dem Namen Richard Zach, bewußt oder unbewußt, in Beziehung gesetzt wird. Und es wird zu einer meiner Aufgaben, zur allgemein historischen Entwicklung auch die individuell familiären Linien zu finden.

Alois Geschwinder und seine Frau Elfriede sind durch ihr ehemals enges Verhältnis zu Richard Zach als Freunde und Mitstreiter dazu imstande, als Informationsvermittler erster Hand für dessen antifaschistische Arbeit zu wirken. Beide geboren 1921, verbindet sie wie fast alle anderen nicht nur ihre gemeinsame Geburtsstadt Graz, sondern der gleiche familiäre, derselbe soziale und politische Hintergrund: die sozialdemokratische, später die kommunistische Arbeiterbewegung.

Der Vater von Alois Geschwinder war ursprünglich Metallarbeiter und bis vor dem ersten Weltkrieg in der Gewerkschaftsbewegung aktiv. Später war er Krankenkassen- und Sozialversicherungsangestellter. Die Mutter war Hausfrau und wurde im September 1944 zu einer Zeit verhaftet, in der die Gestapo als Repressionsmaßnahme eine ganze Reihe von Grazern festnahm. Frau Geschwinder war an der Übertragung und Sicherung von Gedichten Richard Zachs beteiligt und kam am 1. Dezember 1944 im Konzentrationslager Ravensbrück ums Leben. Die Kinderfreunde, die sozialdemokratische Kindervereinigung, erlebte Alois Geschwinder zwar eher beiläufig, dennoch wußte damals, wie er sich erinnert, „als Vorschulkind, vielleicht schon früher" bereits „jeder, wo er hingehört: nach rot oder nach schwarz". Im jugendlichen Alter wurde Alois Geschwinder Mitglied des Arbeiterturnvereins; er gab dort selbst Turnstunden. 1939 maturierte er und arbeitete nach Absolvierung eines Abiturientenkurses an der Grazer Bundeslehrerbildungsanstalt ab April 1940 als Volksschullehrer in Frohnleiten. Nach 1945 erfolgte die Ausbildung zum Mittelschullehrer für Englisch und Turnen. Die politischen Verhältnisse, die in der Volksschule noch eine vergleichsweise geringe Rolle gespielt hatten, führten den Mittelschüler Alois Geschwinder zu entsprechenden Entscheidungen — „da war ich bereits geimpft ... durch meine Umgebung, durch eigene Beobachtungen". Von den Nazis mußte ihm das später, in seiner Urteilsschrift, bestätigt werden. Für sie war deutlich erkennbar, daß „er sich zugestandenermaßen seit Jahren eingehend mit marxistischer Literatur befaßt hat". Die „eindeutig deutschnationale Ausrichtung" der meisten Jugendlichen an den Grazer Mittelschulen veranlaßte ihn, mit 14 oder 15 Jahren außerhalb dort entstehender zweifelhafter Gesinnungsgemeinschaften Anschluß zu suchen. — Alois Geschwinder: „Ich war der irrigen Vorstellung, es gäbe hinter dieser offiziellen Politik, hinter dem, was alle Tage in der Zeitung stand usw. und hinter dieser sichtbaren Wirklichkeit eine geheime, illegale Wirklichkeit." So stieß er Ende 1936 zu Richard Zach und dessen Umkreis. Die Illegalität wurde für Alois Geschwinder nach und nach tatsächlich Wirklichkeit — bis zu seiner Verhaftung am 17. Dezember 1941.[1]

Eine interessante, weil auch direkt politische Verbindung entstand vor allem über die Familie von Geschwinders Frau, Elfriede Neuhold, beziehungsweise über deren Vater. Josef Neuhold, 1890 geboren, ging zuerst in eine Schlosserlehre, unterbrach diese und erlernte den Beruf eines Lithographen. Schon früh mit den Zielen der Arbeiterbewegung verbunden, wurde er aktiver Gewerkschafter und nach seinem Kirchenaustritt Mitglied des sozialdemokratischen Freidenkerbundes. Die Mutter, geboren 1894, war zuerst Dienstmädchen, dann Hilfskrankenschwester, später Hausfrau und ebenfalls nicht religiös eingestellt. — „Sie ist innerlich mit meinem Vater mitgegangen, war aber in ihrer Kritik der Sozialdemokratie viel näher der Realität als mein Vater", erzählt Elfriede Geschwinder. 1932 wurde Josef Neuhold als sozialdemokratischer Gewerkschaftsfunktionär auf eine Reise in die Sowjetunion geschickt und war „seither polizeibekannt". Wie seine Tochter heute berichtet, war keiner „mit ihm zufrieden: Den Sozialdemokraten hat er zu viel gelobt und den Kommunisten zu viel geschimpft

— über die Sowjetunion". Mit Gewerkschaftsgeldern wurde der Republikanische Schutzbund, die Wehrorganisation der Sozialdemokratie, unterstützt, dessen Mitglied auch Josef Neuhold war. Enttäuscht vom Verhalten der sozialdemokratischen Führung vor und in den Februarkämpfen 1934, wandte er sich nach diesen Ereignissen der KPÖ zu „und hat", erzählt Elfriede Geschwinder, „von dort an als illegaler Kommunist bis zu seiner Verhaftung gearbeitet". Bis vor 1939 war Josef Neuhold auch Mitglied des Österreichischen Arbeiterschachklubs, einer Organisation, die dazu benutzt wurde, um „Zusammenkünfte zu tarnen". Seit den zwanziger Jahren Krankenkassenbeamter, wurde ihm Anfang 1938 in seiner Dienststelle eine Unterschriftenliste für den Anschluß Österreichs an Hitler-Deutschland vorgelegt. Er unterschrieb nicht, wie wenig andere. Josef Neuhold wurde entlassen und mußte dazu einen Strafabzug für seine Pension hinnehmen. — Elfriede Geschwinder: „Er hat im Monat 74 Mark brutto Pension bekommen, und wir haben davon nicht leben können." Um etwas dazuverdienen zu können, aber auch um einen Vorwand zu haben, bei Leuten vorzusprechen, arbeitete Josef Neuhold nach 1938 als Versicherungsvertreter. In dieser Zeit wurde ihm schon von seiten der Polizei prophezeit: „Lange werden Sie nicht mehr umherlaufen!" Am 1. Februar 1941 wurde er als eines der ersten Opfer einer großangelegten Verhaftungswelle arretiert.[2]

Vor diesem familiären Hintergrund wuchsen die zwei Kinder auf: Erich, der jüngere, und Elfriede. Ihre Kindheit gleicht der von so vielen anderen Kindern aus der Arbeiterschaft in der Ersten Republik und ähnelt in gewissem Maße auch der Kindheit Richard Zachs. Recht eindringlich wird an die Lage der arbeitenden Menschen im Österreich der zwanziger Jahre erinnert, wenn Elfriede Geschwinder berichtet: „Aus Erzählungen weiß ich, daß mein Vater damals arbeitslos war, als Steindrucker arbeitslos, daß wir kaum etwas zum Essen gehabt haben, daß meine Mutter bei Verwandten, die am Land waren, Milch holen gegangen ist, und daß sie Mehlspatzen als Essen gehabt hat." Die Familie wohnte in einer Parterrewohnung mit Zimmer, Küche, Speisekammer und Klosett. Das Zimmer zu heizen „hätte zu viel Brennstoff verschlungen". So hielten sich die vier Familienmitglieder hauptsächlich in der Küche auf. Antireligiös erzogen, mußte Elfriede Geschwinder in den dreißiger Jahren, nach dem Besuch der Volks- und Hauptschule, gemeinsam mit ihrer Mutter in die katholische Kirche eintreten, um als „rechtmäßige" Kandidatin zur Aufnahmeprüfung für die Lehrerbildungsanstalt anerkannt zu werden. Sie wollte, wie Alois Geschwinder und Richard Zach, die sie damals noch nicht kannte, Lehrerin werden. Da aber die darüber hinaus erforderlichen Referenzen fehlten, wurde sie nicht aufgenommen. Elfriede Geschwinder besuchte daraufhin drei Jahre lang die Handelsakademie in Graz und mußte den Schulbesuch mit der Zwangspensionierung des Vaters 1938 abbrechen. Auch sie mußte dazuverdienen. Nach einem Jahr in der Buchhaltung eines Kaufhauses kam sie über Umwege und durch den Einsatz ehemaliger Professoren doch zum Handelsakademieabschluß. Nach der Matura arbeitete sie ein Jahr als Fakturistin bei einer Großhandelsgesellschaft, dann halbtags an der Technischen Universität in Graz und begann zugleich einen Abiturientenkurs. In dieser Zeit, im Februar 1941, wurde sie, die knapp Zwanzigjährige, gleich ihrem Vater verhaftet, aber nur einen Monat inhaftiert. Sie konnte noch die Schule beenden und sogar bis 1. November 1941 als Volksschullehrerin in Schwanberg arbeiten, wo sie die Gestapo dann in Gewahrsam nahm — für Jahre. Einen Monat zuvor wurden ihr jüngerer Bruder und ihre Mutter inhaftiert. Elfriede Geschwinder kann sich noch an insgesamt sechs Hausdurchsuchungen während der Zeit von 1934 bis 1941 in ihrer elterlichen Wohnung erinnern, wobei einmal sechs Polizisten alles durchwühlten und mitnahmen, „was irgendwie von Interesse für sie war". Scheinbar unabhängig von diesem politisch äußerst bewegten Familienleben machte Elfriede Geschwinder fast zur gleichen Zeit wie ihr späterer Freund und nachmaliger Ehemann Ende 1936 Bekanntschaft mit den jungen Leuten um Richard Zach.[3] Sicherlich konnte, als sich hier langsam eine konspirative Gruppe entwickelte, noch keine Rede davon sein, daß diese nach dem Einmarsch der Hitler-Truppen in Österreich zum Ausgangspunkt eines Netzes von Widerstandszellen in Graz und Umgebung werden sollte.

Die Aufbereitung von Leben und Werk des österreichischen Dichters Richard Zach kann sich hier im wesentlichen auf nur drei Quellenbereiche stützen: Neben den Erzählungen von Überlebenden sind dies der hauptsächlich aus Gedichten und Briefen bestehende Nachlaß und die Behördendokumente wie Anklage- oder Urteilsschriften. Die gesellschaftlichen Umstände, Austro- und Hitler-Faschismus, bedingten, daß nicht nur dem Leben dieses Antifaschisten früh ein gewaltsames Ende gesetzt wurde, sondern auch, daß sein dichterisches Wirken zu Lebzeiten in keine Literaturgeschichte Eingang finden konnte. Daß es auch im Österreich nach 1945 nicht dazu kam, ist offensichtlich der hierzulande herrschenden Politik und ihrer Literaturgeschichtsschreibung zuzuschreiben, deren gerade heute vieldiskutiertes Wort von der „Pflichterfüllung" ein äußerst zweifelhaftes Traditionsbewußtsein erkennen läßt.

Bei der Aufarbeitung ist ein zweifaches Problem zu bedenken. Zum einen wird in den NS-Schriften in relativ seltenen Fällen differenziert, was den politischen Hintergrund des antifaschistischen Widerstandes betrifft. Oft genug wurden Verbindungen zwischen Personen konstruiert, die es faktisch gar nicht gegeben hat und entweder zur Anhäufung der „Schuldenlast" der Angeklagten beitragen sollten oder der meist gewaltsam betriebenen Ermittlung vermuteter weiterer Verbindungen dienten. Zum anderen birgt die Heranziehung der mündlichen und schriftlichen Erinnerungen von Überlebenden die Gefahr der Idealisierung und in manchen Fällen auch die der (Selbst-)Stilisierung in sich. Dem vorzubeugen entsprach die Aufgabe, möglichst viele Interview- und Briefpartner Stellung nehmen zu lassen.

Um den Lesefluß nicht zu behindern, wurden Anmerkungen zu den Quellen lediglich absatzweise angeführt. Nur herausgestellte Zitate wurden extra vermerkt. Die Quellennachweise für die Gedichte sind in einem eigenen Gedichteverzeichnis aufgelistet. Die Gedichte selbst stellen verständlicherweise nur eine geringe Auswahl aus dem gesamten Nachlaß Richard Zachs dar und stammen aus den verschiedensten thematischen Bereichen. Sie wurden dort abgedruckt, wo sie inhaltlich dem Text am ehesten entsprechen.

Vöcklabruck, im Oktober 1988   Christian Hawle

Umwälzungen und Übergänge

Richard Zach wurde am 23. März 1919 in Graz zu einer Zeit geboren, in der die revolutionäre Nachkriegsentwicklung in Österreich wie in anderen Staaten ihren Höhepunkt erreichte.[4] In diesem Jahr kulminierte vorläufig auch die kommunistische Werbetätigkeit in der Steiermark. — „Während sich die kommunistische Agitation in der ersten Februarhälfte 1919 merklich intensiver gestaltete", schreibt der steirische Historiker Robert Hinteregger, „nahmen die sozialdemokratischen Gegenredner in vielen Versammlungen zunächst in unverbindlichen und dehnbaren Formulierungen dazu Stellung." In der Folge verschärften sich die Differenzen innerhalb der Arbeiterbewegung zwischen Sozialdemokraten und Kommunisten, was sich offenbar auch auf die Politik der meist mehrheitlich sozialdemokratisch geführten Räte auswirkte. Fast vier Jahre nach der Gründung eines Soldatenrates fand am 6. September 1922 in Graz die konstituierende Sitzung auch eines Bezirksarbeiterrates statt. Zu dessen ausdrücklichen Aufgaben zählten neben dem Kampf gegen den Lebensmittelwucher vor allem Maßnahmen gegen die Aufrüstung reaktionärer Gruppen, die als Heimwehren, Frontkämpfervereinigungen und Hakenkreuzlerverbände im ganzen Land entstanden. Bereits im Jahr vorher wurde die Zuspitzung des Gegensatzes zwischen Arbeiterschaft und den besitzenden Klassen offensichtlich, als eine dringliche Anfrage im steirischen Landtag 1921 die bewaffneten Bauernformationen als bezahlte Schutztruppe des steirischen Großkapitals entlarvte. Zu dieser Zeit erfolgte in der Steiermark auch schon ein Ausbau der Arbeiterräte und die Einrichtung von Arbeiterwehren, die sich neben ihrem ursprünglichen Zweck, die Betriebe vor Plünderungen zu schützen, immer eindeutiger gegen die Bourgeoisie richteten.[5]

Gesamtösterreichisch betrachtet, wurde die revolutionäre Welle rasch, fast im Einklang mit der Niederschlagung der Räterepubliken in Bayern und Ungarn, zurückgedrängt. Das zuvor scheinbar stark beeinträchtigte Bürgertum konsolidierte ab etwa Ende 1920 seine Reihen und begann bald wieder in die Offensive zu gehen. Erleichtert wurde dies vor allem dadurch, daß die sozialdemokratische Führung Schritt um Schritt zurückwich und die mehrmals demonstrierte Macht der

Arbeiterschaft nicht für entscheidende gesellschaftliche Veränderungen nutzte. Nicht nutzen wollte, wie später einer ihrer Führer, Otto Bauer, feststellte. Im Herbst 1920 war es dann für die bürgerlichen Parteien nicht mehr allzu schwer, die Sozialdemokratie aus der Regierung zu drängen und die alleinige Führung im Staate zu übernehmen. Während der Jahre 1922 und 1923 führte die Wirtschaftskrise zu vermehrter Arbeitslosigkeit, Kurzarbeit, Wohnungselend, steigenden Preisen und schließlich zu einem Druck des Unternehmertums auf die Sozialgesetzgebung. Die hohe Zahl der Arbeitslosen war, abgesehen von der prekären Ernährungslage, auch weiterhin der wichtigste Indikator der wirtschaftlichen Dauerkrise in der ganzen Ersten Republik. Trotz Existenz der radikaleren Kommunistischen Partei seit Anfang November 1918 blieb die Sozialdemokratie aber die unumstrittene Partei der Arbeiterschaft, die Christlichsozialen blieben prinzipiell die Partei des Bürger- und Unternehmertums.[6] In welche Richtung in jenen Jahren politisch und wirtschaftlich die Weichen gestellt wurden, gehört auch zu den Voraussetzungen der späteren Entwicklung nicht nur von Richard Zach.

Die Familie Zach

Richard Zach war der zweite Sohn einer steirischen Arbeiterfamilie. Sein Vater Rupert Zach, geboren 1888, war gelernter Faßbinder und als solcher nach dem ersten Weltkrieg in der Grazer Brauerei Puntigam beschäftigt. Ob die Mutter, Wilhelmine, geboren 1891, einen Beruf erlernen konnte, ist nicht bekannt. Es ist aber eher unwahrscheinlich, stammte sie doch aus einer jener kinderreichen Arbeiterfamilien, in denen in der Regel — wenn überhaupt — erst beim letztgeborenen Kind eine Berufsausbildung in Frage kam. „Sieben Kinder und kein Brot", so faßt Alfred Zach die Situation zusammen, in der für die Großeltern mütterlicherseits höchstwahrscheinlich andere Sorgen vorrangig waren: Von den sechs Schwestern und ihrem Bruder, dem jüngsten Kind der Familie, „mußten wohl alle arbeiten, waschen, in den Dienst gehen". Der Großvater, Wilhelm Franz, war Tischler. Durch dessen Heirat mit Maria Bambasaro kann eine Linie der Familiengeschichte bis in die norditalienische Stadt Trient zurückverfolgt werden. Die sozialde-

Wilhelmine Zach geborene Franz, Mutter (zirka 1912).

Rupert Zach, Vater (zirka 1912).

mokratische Einstellung der Mutter läßt sich laut Alfred Zach vornehmlich auf die elterliche Erziehung zurückführen. Der Großvater väterlicherseits, Johann Zach, war wie sein Sohn Rupert von Beruf Faßbinder und hatte als Vorkämpfer in der Gewerkschaftsbewegung mehrmals seinen Arbeitsplatz verloren. Seine Frau Josefa, geborene Retzl, war Weißnäherin. Rupert Zach war einer von drei Söhnen dieser Arbeiterfamilie. Zwar auch in der Gewerkschaft sozialistisch organisiert, trat er allerdings nicht als Parteiaktivist in Erscheinung. Seine Freizeit „erschöpfte sich", wie sich Alfred Zach erinnert, „in seiner Tätigkeit als sogenannter Großbauer beim alpinen Verein der ‚Buchkogler' ". Auch die Mutter, Wilhelmine Zach, war formal Mitglied dieses Vereins, aber eben nur formal. — „Ihr Tag war voll ausgelastet mit Arbeit, Sorge um die Kinder, Kochen, Waschen, Nähen und sonntags Getränke austragen", erzählt Alfred Zach.[7]

Aus verschiedenen Schriftstücken und Erinnerungen geht hervor, daß die Mutter für ihre beiden Söhne Alfred und Richard eine bedeutendere Rolle als der Vater gespielt haben dürfte. Diese Zuneigung wurde jedoch wie das gesamte Familienleben durch die familiäre Linie väter-

Rupert Zach (Mitte) während der Faßbinderausbildung in der Brauerei Göß (zirka 1912).

licherseits überschattet. Alfred Zach vermutet, daß die Mutter von der Schwiegermutter vielleicht „sogar gehaßt" wurde, und zwar auf Grund ihrer geschäftlichen Erfolge. — „Ihrem bösen Einfluß ist es zuzuschreiben, daß die Ehe meiner Eltern später sehr getrübt wurde." Die Familie wohnte nach dem ersten Weltkrieg in den Nebengebäuden eines Gasthauses, das Frau Zach nach Kriegsende von ihrer Schwiegermutter gepachtet hatte. Das Gasthaus und die angeschlossene Faßbinderei, in der Rupert Zach arbeitete, standen auf einem großen Grundstück in der Grazer Lazarettgasse (heute: Kärntner Straße). Da Wilhelmine Zach außerordentlich tüchtig war, konnte sie auch den Gasthausbetrieb wieder in Schwung bringen. Dies erregte allerdings den Neid von Alfreds und Richards Großmutter, der Besitzerin des ganzen Areals, von der die Familie nach einiger Zeit aus dem Betrieb hinausgeekelt wurde. Mit dem Ende der Pacht 1924 mußte auch die Wohnung geräumt werden. Dies in einer Zeit, in der — wie Alfred Zach berichtet — die Wohnungsnot „unvorstellbar größer als heute" war. Die Familie hatte Glück im Unglück. In einem „alten, feuchten Bau" in der Idlhofgasse konnte eine Zimmer-Küche-Wohnung gefunden werden. Nach heutigem Sprachgebrauch zählte das Quartier zur Sparte der „Substandardwohnungen", eine „miese Bude", erinnert sich Alfred Zach. Um die finanzielle Lage der Familie zu verbessern, verdingte sich die Mutter sonntags als Aushilfskellnerin. „Vater hatte seinen Trachtenverein, natürlich mit Sitz im Gasthaus seiner Mutter", wie Alfred Zach bemerkt. Zur Beziehung zu den Kindern meint Alfred Zach, daß aber „beide gute Eltern" waren.[8]

Wie sein jüngerer Bruder ist auch Alfred Zach in Graz geboren, allerdings bereits rund sechs Jahre früher, am 24. September 1913. Aus eigenen Erinnerungen und aus Erzählungen von Verwandten weiß er, daß es ihm in seinen Kinderjahren „sehr gut" ging. Als Spielplatz diente ihm noch der große Hof des Gasthauses und „als Spielgefährte ein gutmütiger Bernhardiner". Die schönen „Bubenjahre" änderten sich für ihn schlagartig, als mit dem Gasthausbetrieb auch die Wohnung aufgegeben werden mußte. Mit Schulbeginn, im Geburtsjahr seines jüngeren Bruders Richard, kam er zugleich zu den sozialdemokratischen Kinderfreunden. „In die Schule ging ich gar nicht gern", erinnert sich Alfred Zach, doch wenn die „Mutter sich erkundigte, hörte sie, daß ich nicht dumm, aber faul wäre". Trotzdem konnte er die Volks- und

Der alpine Verein „Buchkogler".

Die Familie Zach (1919).

Richard und Alfred Zach (zirka 1923).

Bürgerschule ohne Schwierigkeiten bewältigen. Ein wenig schöner freilich dürften die Ferien gewesen sein, obwohl Alfred Zach diese mehrmals in Tagesheimstätten zu verbringen hatte. Er wollte Lokführer werden. Die Voraussetzung für den „Traumberuf" des älteren Sohnes war aber eine abgeschlossene Berufsausbildung als Schlosser, wofür auch eine Lehrstelle gefunden wurde. „Mein erster Lehrtag begann mit dem Ausrichten verbogener Nägel", erzählt Alfred Zach, „und ich erinnere mich genau, daß Richard an diesem Tag" — es war der 1. September 1927 — „vorbeigegangen ist, mich bei meiner Arbeit gesehen hat und etwas hämisch grinste." Ansonsten war nicht nur in diesen Jahren das Verhältnis der beiden „durchaus brüderlich, dem Altersunterschied entsprechend, indem der große, starke Bruder in jugendlichen Auseinandersetzungen dem kleinen, wenn notwendig, stets zu Hilfe eilte."[9]

Der Bruder

Ich habe eine Hand, die fleißig werkt;
doch zitterte sie manchmal zag. —
Ich habe einen Glauben, der mich stärkt;
doch zuckte ich vor manchem Schlag.

Das Leben ist mir lieb, glich es auch oft —
so trüb, so enge — einer Schlucht. —
Ich habe viel geplant und mehr erhofft;
viel fehlt noch, das mein Sehnen sucht. —

Lang bleibe Tag. Mein Blut fließt fordernd heiß,
will diese Stätte erst befruchten. —
Wie winzig ich auch bin, in meinem Kreis
scheint eine Welt auf mir zu wuchten.

Mag sie kaum zählbar sein den andern allen —
sie ist das große Gut für mich. —
Doch, Bruder, müßte von uns einer fallen —
ich — gebe: Steh'! ... Denn Du bist ich.

Es kündigte sich bereits die Weltwirtschaftskrise an. Die Maschinenbauanstalt Franz Lanner ging nach anderthalb Jahren in Konkurs, und Alfred Zach verlor seine Lehrstelle. Durch Protektion des Onkels konnte er aber seine Berufsausbildung in den Grazer Puch-Werken fortsetzen und dort Anfang 1931 auch beenden. Nach den staatlich vorgeschriebenen drei Monaten Weiterbeschäftigung als ausgelernter Werkzeugschlosser wurde er allerdings entlassen und war bis in den Sommer desselben Jahres arbeitslos. Nachdem er für ein paar Monate in seinem Beruf in der Grazer Waggon- und Maschinenfabrik Weitzer eine Anstellung gefunden hatte, war Alfred Zach bis ins Frühjahr 1934 fast drei Jahre neuerlich arbeitslos und größtenteils sogar ausgesteuert. Nur eine Notlösung bedeutete es für ihn, als er sich im Mai dieses Jahres zum freiwilligen Arbeitsdienst der Christlichsozialen Partei meldete, um Kleinhäuslern am Bau mitzuhelfen — natürlich „gegen einen Bettel von Bezahlung". Wieder eine Hilfsarbeitertätigkeit war es, als er, ein weiteresmal durch seinen Onkel, diesmal als Präger, für kurze Zeit in den Puch-Werken arbeiten konnte. Es folgte wiederum Arbeitslosigkeit, dann wieder etwa dreimonatige Hilfsarbeit in den Steyr-Daimler-Puch-Werken und ein weiteresmal Arbeitslosigkeit. Inzwischen hatte er aber bereits seine spätere Frau, Grete Gölles, kennengelernt, deren Vater Sekretär beim damaligen Grazer Bürgermeister war. Die Berufsaussichten schienen besser zu werden. Durch den Einfluß seines zukünftigen Schwiegervaters konnte er bei der Gemeinde Graz zu arbeiten beginnen. Zuerst war aber seine Tätigkeit darauf beschränkt, im Straßenbau mitzuwirken, gelegentlich sogar als Straßenkehrer. Am Bau lernte er im Rahmen einer Arbeitspartie einen der späteren Mitstreiter seines Bruders, Friedrich Grießl, kennen. Grießl war auch einer der wenigen aus dem Kreis Richard Zachs, die der ältere Bruder vor dessen Verhaftung beziehungsweise Hinrichtung, ja sogar früher als Richard Zach, kennengelernt hat. Schließlich erfolgte der „Karrieresprung in das Angestelltendasein": Bis in das Jahr 1939 arbeitete Alfred Zach zuerst als amtlicher Steuereinnehmer in Graz, dann als Sachbearbeiter im Grazer Wohlfahrtsamt.[10]

Mit Beginn seiner Berufsausbildung wurde Alfred Zach auch Mitglied der sozialdemokratischen Roten Falken, später des Republikanischen Schutzbundes. Diese 1923 gegründete proletarische Wehrorganisation, hervorgegangen aus den Ordnereinheiten der Arbeiterräte der unmittelbaren Nachkriegszeit, sollte die demokratischen Errungenschaften gegen Anschläge der in- und ausländischen Reaktion verteidigen und diente auch als Ordnertrupp bei sozialdemokratischen Veranstaltungen. An eine direkt politische Erziehung bei den Roten Falken kann sich Alfred Zach nicht mehr erinnern, beim Schutzbund war sie „mehr militärischer Art". — „Wohl aber erinnere ich mich sehr gut an die zahlreichen Aufmärsche und Demonstrationen, auch an die Zusammenstöße mit den Heimwehren, an denen ich damals teilgenommen habe." Sich aktiv an den Februarkämpfen 1934 in Graz zu beteiligen, wurde Alfred Zach von seiner Frau abgeraten. Durch die Bekanntschaft mit Grete Gölles, „besonders nach der Eheschließung", unterstreicht Alfred Zach, waren seine politischen Ambitionen nicht sehr groß — „die waren ja bei mir ohnedies nicht besonders fanatisch ausgeprägt". Für das junge Paar standen jahrelang, neben Sport und Tanz, Wohnungssorgen im Zentrum der Freizeitgestaltung.[11]

Nach dem Tod der Mutter im Jahre 1932 waren die beiden Brüder lange Zeit getrennt und fanden erst wieder zusammen, als Richard Zach sich der strengen Obhut der Verwandten entzog und etwa 1936/37 zu seinem inzwischen wieder verehelichten Vater in dessen

Alfred Zach (1936).

Alfred und Grete Zach geb. Gölles (1936).

Wohnung in der Grazer Pestalozzistraße einziehen konnte. Dort lernte Richard Zach die zwei Jahre jüngere Friederike Szakowitsch kennen. Gemeinsam mit „Friedl", wie sie später genannt wurde, besuchte er oft seinen Bruder und dessen Frau. Zu viert wurden Ausflüge unternommen, wurde gesungen, musiziert und auch politisiert. „Bereichert wurden diese brüderlichen Debatten" vor 1938, erzählt Alfred Zach, „noch durch meinen früheren Straßenbaumitarbeiter Fritz Grießl, manchmal auch durch dessen Bruder und meinen Schwager, der ja andere politische Ansichten hatte." Nach Alfred Zachs Erinnerung waren es „sehr anregende Debatten, gefahrlos (...) — ohne besondere politische Auswirkungen bis zu dem Zeitpunkt, als Österreich von den Nazis ernstlich bedroht wurde". Es mag kurios erscheinen, daß Alfred Zach in dieser Zeit überhaupt nichts vom bereits relativ lange andauernden und sehr angestrengten politischen Engagement seines jüngeren Bruders wußte. Hier dürfte vermutlich der über viele Jahre verlorene Kontakt eine bedeutende Rolle gespielt haben, womöglich aber auch die unterschiedliche Intensität in den politischen Ambitionen der beiden Brüder. Alfred Zach vermied es, sich politisch zu exponieren und dadurch seine nur schwer erreichte berufliche Position aufs Spiel zu setzen. — „Meine Aktivität begann wenige Tage vor dem deutschen Einmarsch und erreichte ihren Höhepunkt in der Teilnahme an der letzten Großdemonstration gegen die Nazis, die wenige Tage vor dem Einmarsch am Grazer Opernring stattgefunden hat, und an der alle politischen Gruppen teilgenommen haben." Erst viel später, während der Naziherrschaft in Österreich, wurde Alfred Zach durch die „brüderlichen Gespräche", wie er sagt, „bewußt, daß Richard sich politisch betätigte, nur das Ausmaß dieses Engagements war mir nicht bekannt".[12] Als ihm auch das Ausmaß bekannt wurde, war seinem jüngeren Bruder bereits die Gestapo auf der Spur.

Tuscheskizze, vor 1938.

Aus meiner Jugend

Nachtigallen? Ich habe sie nie gehört!
Ich wurde geboren, wo der Fabriksqualm gärt,
wo im Schlotewald die Dampfpfeife röhrt
und die Not plärrt.
Erst wohnten wir in einem langgestreckten Bau.
Die Stube soll einmal ein Pferdestall gewesen sein.
Wen scherte das? Es ging nicht so genau. —
Im Sommer saßen wir am warmen Stein,
der wie ein Fließband vor der Türe lag,
und freuten uns am sonnenheißen Tag.
Zwar war der Hof ein wenig schmal —
die Holzbaracken gönnten ihm nicht viel —
doch taugte er für manches laute Spiel.
Nur stank in schwülen Stunden der Kanal.
Auch liebte es der Hausverwalter wenig,
wenn wir aus unbestimmten Gründen lärmten,

obwohl sich seine Hoheit abgesondert wärmten,
und brüllte häufig. — Nun, hier war er König.
Ansonsten schien er die Natur zu achten,
soweit sie dienen wollte seinen Zwecken.
Er pflanzte einst Weinrebenhecken,
die bald den größten Teil des Hofes überdachten.
So lebten wir beinahe unter Lauben.
Doch Beeren konnten bloß die Amseln rauben.
Gewiß, selbst Vögel kamen angeflogen.
Dann gluckte — hinter Draht — ein Hühnergarten,
in dem die hausherrlichen Hennen scharrten.
Nur — alles war so oft vom Ruße überzogen. —
Die Fenster hatten enge, starke Gitter.
Sie gitterten im Herbst die Sonne aus.
Ein kühler Wind begann dann sein Gezaus
und warf in freche Augen Mörtelsplitter. —
Des Winters krochen an den Wänden nasse Flecken.
Angeblich war das für die Lungen unzuträglich.
Nun leider. Mutter tat, was eben möglich,
und stellte unser Bett in eine trock'ne Ecke.
Ach, nicht zu heizen war das Zimmer.
Der Atem hing als Nebel in der Luft.
Die Mutter sagte zu Besuchen immer:
„Wie eine eisgekühlte Gruft." —
Doch schließlich kam der Frühling fröhlich wieder.
Zwölf Jahre sah ich, wie die blassen Strahlen
sich langsam in das — früh're — Stallgewölbe stahlen.
An schönen Tagen lehrte mir die Mutter Lieder. —
Dann meinte der Verwalter unter Fluchen,
wir sollten uns jetzt eine andere Wohnung suchen.
Nachtigallen? Ich las von ihrem bezauberndem Schmelzen
in kunstvollen Reimen; auch über marmorgeschmückte Haine.
Doch *meine* Blicke wanderten stets über Pflastersteine.
Meine Gedanken mußten sich in den Hausschluchten wälzen.

Wunderblumen bewahrten sorgsame Eisenzäune.
Nachtigallen preisen? Ich leihe mir nicht gerne Stelzen.
Wir fanden endlich einen dumpfen Raum
im Keller. Immerhin geschützt vor Winden.
Für wenig Geld ist selten viel zu finden.
Nun fehlte selbst der grüne Heckensaum.
Erst schämte ich mich vor den andern Jungen;
doch die Gewohnheit hat mich bald bezwungen.
Wir fluchten zwar. Nur änderte kein Schmähen.
Das dunkle Loch, es ward dadurch nicht heller.
Nach Mittag wies uns Mutter aus dem Keller.
Denn Sonne war nun nie mehr vorgesehen.
Wir sprangen — fast geblendet — über Stufen.
Im neuen Hofe wuchs ein stiller Strauch.
Dort hockten wir, entsprechend langem Brauch.
Nur — durften wir hier gar nicht spielend rufen.
Noch einmal, weil wir übermütig schreien,
die schwer erkämpfte Stätte räumen müssen,
so etwas würde Vater nie verzeihen.
„Bei eurem Alter sollt ihr das schon wissen!"
Allmählich fühlten wir uns richtig wohl.
Man konnte sich im Flur so wunderbar verstecken,
die schwarzen Winkel mit Begeisterung entdecken.
Nur — Mutters frische Wangen wurden hohl. —
Freilich — an trüb verhang'nen Regentagen,
wenn morgens schon die Lampe brennen mußte,
verlor sich jedes angesammelte Behagen.
Dann klebte auf den Scheiben eine braune Kruste.
Die Füße ohne Körper glitten schnell vorbei.
Wir kauerten am Ofen, eingetaucht in Blei.
Bei Güssen sickerte aus Bodenfugen
das Wasser. Ein Kanalschacht lief darunter.
Da wurden wir dann wieder etwas munter,
wenn wir die vollen Eimer aus der Stube trugen.

Die Straßenköter schauten durch das Fenster zu.
Sonst ließ die fromme Mitwelt uns in Ruh'.
So oder so, ich schlüpfte aus der Schule
und spürte manchmal eine ungekannte Lust,
im Hof zu lauschen, nun auf einem Stuhle,
und das Erlauschte, das da pochte in der Brust,
auf losen Blättern, eingesparten Schnitzeln
mit vielem Eifer heimlich hinzukritzeln.
Aber die Nachtigallen hatte ich immer noch nicht vernommen,
und wenn ich den Kopf hob, stieß ich an kaltes Gemäuer.
Die Sonne ist oft nur für eine Spanne gekommen.
Die Häuser standen so eng. Sie machten beklommen.
Der Keller war feucht und das Brot, das Brot gar teuer.
Von Nachtigallen und Rosen kann ich euch nichts erzählen.
Als Mutter starb und ich wieder zur Schule ging,
las ich zwar mehr von Sängen, die damit beseelen,
ich aber konnte den Qualm nie ganz verhehlen,
ich mußte grauere, härtere Bilder wählen.
Denn Klarheit galt es zu schaffen in meinem Ring.

Kindheit und frühe Jugend

Die Geburtsstätte Richard Zachs war die Wohnung der Familie in den Nebengebäuden eben jenes Gasthauses, das Josefa Zach, der Großmutter väterlicherseits, gehörte. Überhaupt lagen alle Wohnungen, in denen die Zachs nacheinander lebten, in einem Arbeiterviertel des fünften Grazer Bezirks (Gries). Zur Mutter hatte gerade er, der jüngste Sohn, wie Alfred Zach versichert, „ein ganz besonders ausgeprägtes Naheverhältnis". In mehreren Aufzeichnungen erzählt Richard Zach von ihr oder erinnert sich an sie. Ihre stete Sorge um das Wohl der Familie drückte sich in der Doppelrolle einer schwer arbeitenden Hausfrau und Kellnerin aus. Mit Stolz und Bewunderung beschreibt Richard Zach in einem späteren Gedicht die Arbeit der besorgten Mutter im Gasthaus: „Am Sonntag, wenn die andern tanzen,/trug sie Getränke, Braten aus/und kam erst spät und abgehetzt nach Haus;/ich fand beim Schulweg Zuckerwerk im Ranzen." Mit der Gegenüberstellung von jenen, die „tanzen", und denen, die Getränke „austragen", wird hier ganz allgemein der Unterschied zwischen arm und reich angedeutet. Einem aufmerksamen Kind konnten solche Unterschiede keineswegs verborgen bleiben. Vor allem aber trug wohl das soziale Umfeld entsprechend zur Schärfung der Sinne bei. — „Das hat man aufgeschnappt, und so ist man herangewachsen", wie Alois Geschwinder dies nachträglich formuliert. Auch zeugt es von humanistischer und traditionsbezogener Erziehung im Rahmen der eigenen Gesellschaftsklasse, wie sich Richard Zach zu seiner Mutter bekannte: „Sie hatte starke, sich're Hände,/doch nichts an ihr war plump zu schauen./Weit schöner galt sie mir als jene Frauen,/von denen sie die harte Arbeit trennte." Die harte Arbeit war gerade in diesen krisenhaften Jahren für unzählige Familien so notwendig, um halbwegs leben oder gar überleben zu können. Sie prägte auch das Bild der unmittelbaren gegenständlichen Umwelt der Kindheit und frühen Jugend der beiden Brüder, die Richard Zach für seinen Teil etwa in dem Gedicht „Aus meiner Jugend" beschreibt: „Nachtigallen? Ich habe sie nie gehört!/Ich wurde geboren, wo der Fabriksqualm gärt,/wo im Schlotewald die Dampfpfeife röhrt/und die Not plärrt." Verständlich in so einer Umgebung, daß auch die Wohngebäude „so oft vom Ruße überzogen" waren.[13]

Die Zimmer-Küche-Wohnung in der Idlhofgasse, in die die Fami-

Richard Zach mit Mutter (1929).

lie nach dem Ende der Gasthauspacht 1924 Zuflucht suchen mußte, lag ebenerdig. Es gab einen Ausgang zum Hof, die Fenster waren aus Sicherheitsgründen vergittert. Wenn sie auch eine andere Funktion hatten, machte Richard Zach also schon zu dieser Zeit mit Gittern im Fenster Bekanntschaft. Und er konnte in kälteren Jahreszeiten — wie später das ganze Jahr über — nur erfühlen, wovon sie ihn trennten: „Sie gitterten im Herbst die Sonne aus." Während der kühle Wind Mörtelsplitter „in freche Augen" warf, krochen im Winter „an den Wänden nasse Flecken". Und in einem anderen Gedicht weiß Richard Zach davon zu erzählen, wie sie auch diese schwierige Zeit, in der „das Eis am Fensterbrette wuchs", gleich so vielen anderen Familien meistern konnten: „Mittag gab Mutter mir die Tasche,/dann lief ich hinter Kohlenkarren./Der schwarze Segen fiel beim Räderknarren./Es lauern viele! Bücke dich, erhasche." In vielen Gedichten wurden vermutlich die Schicksale anderer mit den eigenen Lebensumständen verflochten. So wurde es möglich, sie — im wahrsten Sinne des Wortes — zu verdichten, sie auf eine Person, auf ein „Ich" im Gedicht zu konzentrieren. Das lyrische Ich kann so auch für die ganze eigene gesellschaftliche Klasse sprechen. Eine Anmerkung des Bruders, Alfred Zach, scheint dies zu bestätigen: „Eindrücke, die er in Gedichten zum Ausdruck brachte, sammelte er wohl aus seiner Umgebung, aus dem Kreise seiner Spielgefährten, denen es zum Teil wirklich schlecht ging." Denn im allgemeinen konnte Richard Zach, berichtet sein Bruder weiter, „so wie ich, gut behütet von einer schwer arbeitenden Mutter und einem fleißigen Vater, in der Zeit entsprechenden, aber durchaus guten Verhältnissen heranwachsen."[14]

Warum ich dennoch mich erhob

Ich lebte gut in meiner Welt,
entbehrte weder Brot noch Geld,
war nicht verrückt vor Liebesschmerz,
trug keinen stillen Gram im Herz,
vergrub mich kaum in Wahngedanken,
litt auch an keiner Sucht zu zanken,
erträumte nie ein Herrschertum

in Eitelkeit und lautem Ruhm,
empfing für meine Arbeit Lob; —
warum ich dennoch mich erhob?

Weil ich auf allen Lorbeer pfeife,
wenn Sklaven sich in Qualen winden!
Weil ich es einfach nicht begreife,
daß jene sich zu Tode schinden,
nur um den reichen Tagedieben,
reich durch den Schweiß von tausend Armen,
zur Fron getrieben ohn' Erbarmen,
noch mehr Genüsse zuzuschieben!
Weil mich ein jedes Lied erwürgt,
wenn es nur solche Töne singt,
von denen die Zensur verbürgt,
daß keiner hell nach Wahrheit klingt.

Weil mir ein jeder Bissen Brot
in meiner Kehle stecken bleibt,
wenn überall die Willkür droht
und schamlos die Gesetze schreibt.
Denn eher leb' ich ohne Brot
als ohne Recht auf freies Wort!
Und lieber schinde ich mich tot
als Trug zu fressen fort und fort!
Ich möchte Mensch sein unter gleichen,
dem niemand seine Rechte strich,
in Hirn und Herz das Freiheitszeichen!
Darum, darum erhob ich mich!

Richard Zach besuchte von 1926 bis 1930 die Volks- und dann vier Jahre die Hauptschule in Graz. Das Österreich am Ende der zwanziger und besonders Anfang der dreißiger Jahre schien der rechte Boden gewesen zu sein, seine Neigung zur Politik zu nähren. Schon in der Volksschule, erzählt Alois Geschwinder, wußte man von jedem: „Ist er schwarz oder ist er rot oder was ist er?" Und — „was war noch an

In der Volksschule: Richard Zach, vorne sitzend, dritter von rechts (1927).

Einflüssen da? — Naja, das waren die sonntäglichen Aufmärsche der Heimwehr, die mit Stahlhelm und Lastwagen durch die Stadt gerattert sind, diverse sonntägliche Kämpfe, die besprochen wurden." Bereits in der ersten Hälfte der zwanziger Jahre ereignete sich eine Reihe von Überfällen auf Arbeiterkundgebungen durch die sogenannten Heimwehren — „einer Art Miliz", wie es bei einem ehemaligen führenden Angehörigen, G. Rüdiger Starhemberg, heißt, „um das Privateigentum der bürgerlichen und bäuerlichen Kreise gegen etwaige Hinderungen oder kommunistische Anschläge zu verteidigen". Zu dieser Zeit gab es auch schon erste Morde an Arbeiterfunktionären, wobei die Bestrafung der jeweiligen Täter durch die Gerichte auf sehr milde Weise erfolgte. Einen Angelpunkt in der Geschichte der Ersten Republik bildeten in diesem Zusammenhang bekanntlich die Vorfälle des 15. Juli 1927, als in Wien nach einer Massendemonstration gegen ein zweifelhaftes Gerichtsurteil der Justizpalast in Brand gesteckt wurde. Diese Ereignisse in der Bundeshauptstadt wirkten sich vor allem in der Steiermark nachhaltig aus. Hier kontrollierte der Schutzbund während des Generalstreiks im Anschluß an den Justizpalastbrand wichtige Straßen, besetzte sogar einen Teil der Landeshauptstadt und überwachte Polizei und Gendarmerie bei der Ausübung ihres Dienstes.[15]

Richard Zach war als Volksschulkind wohl noch zu jung, um diese Vorfälle adäquat wahrnehmen und auch dichterisch verarbeiten zu können. Dies sollte erst sieben Jahre später, bei der blutigsten Auseinandersetzung dieser Art in der Geschichte der Ersten Republik, bei den Februarkämpfen 1934, der Fall sein. Die Erinnerungen an die Zeit der Ersten Republik in seinen Gedichten spiegeln mehr die soziale Umwelt wider. In diesem Zusammenhang steht auch immer wieder die Beschreibung der unmittelbaren Wohnsituation. Nach einer Räumungsklage wegen Eigenbedarfs des Hausherrn mußte die Familie im Jahre 1931 ihre enge Wohnung in der Idlhofgasse verlassen. Der „dumpfe Raum", den sie dann bewohnte, war eine Art Kellerwohnung in der Zweigelgasse, für Richard Zach „immerhin geschützt vor Winden", aus der Sicht der Mutter „eine Gruft". Diese Wohnung war also „noch schlechter, vor allem kleiner", wie sich Alfred Zach erinnert. — „Ein sogenanntes Sparherdzimmer, daß heißt, Zimmer mit Kochgelegenheit, bot nicht Platz für vier Personen."[16] Die beiden Brüder schienen sich der finanziellen Lage der Eltern bewußt gewesen zu sein, wobei der jüngere dies so ausdrückte: „Für wenig Geld ist selten viel zu finden!" Im selben, dem schon erwähnten Gedicht „Aus meiner Jugend" schildert Richard Zach die „neuen" Wohnverhältnisse, die neben unermüdlichem Arbeiten die Mutter in einen allzu frühen Tod trieben:

> Dann klebte auf den Scheiben eine braune Kruste.
> Die Füße ohne Körper glitten schnell vorbei.
> Wir kauerten am Boden, eingetaucht in Blei.
> Bei Güssen sickerte aus Bodenfugen
> das Wasser. Ein Kanalschacht lief darunter.
> Da wurden wir dann wieder etwas munter,
> wenn wir die vollen Eimer aus der Stube trugen.
> Die Straßenköter schauten durch das Fenster zu.
> Sonst ließ die fromme Mitwelt uns in Ruh'.[17]

Die „fromme Mitwelt" hatte damals gewiß schon längst, nicht nur in reiferen Augen, ihre „Frommheit" verloren. Ja, sie beteiligte sich in steigendem Maße an der Entrechtung und physischen Bedrohung der

Werde ein guter Bürger

Werde ein guter Bürger, mein Sohn.
Glaube an Volk und Tradition.
Und eines laß Dir ewiglich raten:
Du, wage es nie, mit dem Staate zu raufen.
So saufe doch, saufe, Du mußt Dich besaufen,
wenn es auch Deine Ahnen taten.
Glaub ja nicht den Schwindel vom freien Schaffen.
Knie nieder und bete zum Paragrafen.
Dreh weg Dich vom Neuen mit lautem Entsetzen
und glaube den alten, den starken Gesetzen.
Du, werde ein guter Bürger, mein Sohn!

Werde ein wahrer Mann auch, mein Sohn.
Merke, der Mann saß stets auf dem Thron.
Du bist der Herr, das Familienoberhaupt.
Du leistest alles, die Frau aber nicht.
Nur Du trägst der Sorgen schweres Gewicht.
Das haben auch Deine Ahnen geglaubt.
Doch — fortgeschritten ist unsere Zeit —
sei manchmal zu größerer Güte bereit.
Doch merke: Der Führer der Ehrenrunde
bis Du. Das Gesetz fließt aus Deinem Munde.
Werde ein wahrer Mann auch, mein Sohn.

Werde ein gutes Vorbild, mein Sohn.
Sprich nur mit ernstem und biederem Ton.
Wenn Du am Sonntag sitzest beim Bier,
und Deine Worte vor Weisheit triefen,
wecke nur alle, die geistig schliefen,
daß sie dann selig aufschau'n zu Dir.
Erkläre die Zeitung und Neuigkeiten,
und sprich von Witzen und Todesfällen,
doch meide mir ja die gefährlichen Stellen,

Du weißt ja, Du laß Dich ja nicht verleiten.
Werde ein gutes Vorbild, mein Sohn.

Werde immer beliebter, mein Sohn.
Schau, auch dein Vater war es schon.
Schimpfe mit jedem über jeden.
Alle anderen sind Egoisten.
Du kannst Dich schon mit Verschiedenem brüsten.
Sonst lasse lieber die anderen reden.
Nie sollst Du wem in die Augen blicken.
Vor Höheren beuge demütig den Rücken.
Mache Dich immer beliebter, mein Sohn.

Werde ein edler Bürger, mein Sohn.
Sprich über stürmendes Drängen mit Hohn.
Du, es gibt böse und schreckliche Sachen.
Hasse die Arbeitslosen und Dirnen
mit ihren frech erhobenen Stirnen.
Flüsternd darfst Du alles selber machen.
Am Tage aber als Kämpfer der Tugend
verdamme die schlechte, verdorbene Jugend.
Als Erbe gib weiter mit biederem Ton:
Werde ein edler Bürger, mein Sohn!

Arbeiterschaft, an der Entdemokratisierung der Gesellschaft. Auf die bis dahin eindringlichste Weise stellte sich dies für Richard Zach erst im Alter von etwa 15 Jahren heraus, im teilweisen Miterleben der Februarkämpfe 1934.

Zwei Jahre zuvor überschattete noch ein anderes unerfreuliches, ein familiäres Ereignis seinen Lebensweg und den des Bruders. Am 17. Oktober 1932, in der Mitte seiner Hauptschulzeit, starb die Mutter. Bereits angeführte Gedichtauszüge lassen die besondere Bedeutung der Mutter für ihren jüngsten Sohn erkennen. Die ganze Tragweite dieses traurigen Vorfalls für den jungen Richard Zach läßt sich aber vor allem aus Aufzeichnungen erahnen, die zweieinhalb Jahre später, datiert mit 21. Jänner 1935, in Art einer Tagebucheintragung auf einem losen Blatt Papier zu finden sind. Darin beschreibt er den Tag des Ablebens seiner Mutter mit zittriger Hand und auf herzergreifende Weise. — So, als wollte er noch immer nicht recht glauben, daß sie tot ist, und als hätte er, der jüngste Sohn, noch so viel gutzumachen gehabt an dem, was die gesellschaftlichen Umstände der Mutter an Lebensjahren geraubt hatten. Die Erinnerungen sind übertitelt mit: „Der traurigste Tag meines Lebens." Wie erwähnt, teilten sich von dieser Zeit an die Wege der zwei Brüder. Während der ältere, Alfred, in der Folge einige Jahre bei seinem Großvater wohnte, mußte Richard Zach zu einer Tante ziehen und kam erst 1936/37 zu seinem inzwischen bereits wieder verheirateten Vater zurück. Nach späteren Aussagen seines Bruders dürfte sich Richard Zach in der Obhut der Verwandten „offensichtlich nicht recht glücklich" gefühlt haben. Früh politisiert, war Richard Zach auch schon bald, spätestens in der Lehrerbildungsanstalt, politisch aktiv. Dies konnte den Zieheltern natürlich nicht ganz verborgen bleiben, und sie befürchteten etwaige Folgen durch das austrofaschistische Regime. Es kam zu „ziemliche(n) Reibereien", wie es Alfred Zach ausdrückt, und zum Versuch einer „sehr strenge(n) Erziehung". Diese ging sogar soweit, daß es Richard Zach verboten wurde, an der Hochzeit des Bruders teilzunehmen. Auch diese Erlebnisse scheinen sich in den ersten lyrischen Versuchen Richard Zachs niedergeschlagen zu haben, die — in seine spätere Hauptschulzeit fallend — einen recht düsteren Charakter aufweisen. Die Bilder jener tagebuchähnlichen Eintragung über das Ableben der Mutter und der, soweit feststellbar, ersten Gedichte gleichen sich. Es sind Bilder des Spätherbstes, die hier verwendet werden: fallende Blätter, nach Süden ziehende Vögel, die sich auf den Winterschlaf vorbereitende Natur. — „Alles erinnerte an Sterben und Vergehen", kommentierte Richard Zach am 21. Jänner 1935 den Todestag der Mutter. Etwa anderthalb Jahre früher beschreibt er diese Stimmung im vermutlich ersten Gedicht, datiert mit dem 8. Dezember 1933, bereits unter dem Titel „Spätherbst". Die Anfangsstrophe lautet: „Über kahle Stoppelfelder Nebel schwanken,/Herbstgedanken;/Geistern gleich/aus dem Totenreich."[18]

Einer solch schwermütigen Stimmung in den Gedichten Richard Zachs begegnet man eigentlich erst wieder in manchen seiner lyrischen Aufzeichnungen aus seiner Haftzeit. Dort allerdings bergen sie auch eine gewisse Dynamik, zeugen sie bereits von erfahrungsreichen Jahren. Die Jahre der Aktivität, der politischen Praxis, waren auch eher dazu angetan, schwierige Situationen zu bewältigen und den Blick nach vorn zu richten. Die lange Zeit des Versuchs, den schmerzlichen Verlust der Mutter zu überwinden, scheint so auch die Zeit der ersten lyrischen Versuche gewesen zu sein. Damit zunehmend die der Versuche, den Blick mehr und mehr auf die soziale und politische Umwelt zu richten:

> So oder so, ich schlüpfte aus der Schule
> und spürte manchmal eine ungekannte Lust,
> im Hof zu lauschen, nun auf einem Stuhle,
> und das Erlauschte, das da pochte in der Brust,
> auf losen Blättern, eingesparten Schnitzeln
> mit vielem Eifer heimlich hinzukritzeln.[19]

Man muß bei diesen Zeilen kurz verweilen, um sich den offenbar relativ früh erfaßten engen Zusammenhang zwischen Dichtung und Leben bei Richard Zach zu vergegenwärtigen. Zwei fast konträre Begriffe werden hier miteinander konfrontiert und in der nächsten Strophe dichterisch aufgelöst. Das in der Umwelt „Erlauschte" bewirkte unter steigender Anteilnahme des jungen Richard Zach ein „Pochen" in seiner Brust, ein Mitfühlen, und — wie es später heißt — „konnte den Qualm nie ganz verhehlen". Das Gedicht „Aus meiner Jugend" geht also mit dem gleichen Bild dem Ende zu („Qualm"), mit dem es beginnt („Fabriksqualm"). Die Jugenderlebnisse scheinen damit lyrisch aufgehoben zu sein. Es handelt sich um jene Erfahrungen des Dichters, die ihm auch später Ziel der dichterischen Verarbeitung blieben — entsprechend auch der Schluß des Gedichts: „...ich mußte grauere, härtere Bilder wählen." Richard Zach war sich bald also nicht nur seiner sozialen und politischen Umwelt bewußt, in der er geboren wurde und heranreifte, sondern auch dessen, welchen Weg er demgemäß als politischer Mensch in Leben und Dichtung finden wollte.

Bleistiftskizze, BLBA, 3. Jahrgang (1936/37).

Die Ballade vom Februar 1934

Das erste einschneidende gesellschaftspolitische Ereignis für Richard Zach, das sich kurze Zeit später schon in einem längeren Gedicht niederschlug, dürften die Februarkämpfe 1934 gewesen sein, von denen in jenen Tagen auch Graz erfaßt wurde. Ja, ein Polizeibericht vermerkte, daß die Steiermark jenes Bundesland gewesen sei, in dem die Aufruhrbewegung nach Umfang und Intensität für die Machthaber am gefahrvollsten hervorgetreten sei. Brennpunkte der Auseinandersetzungen in der Steiermark waren ein Teil des obersteirischen Industriereviers und eben die Landeshauptstadt Graz. Richard Zach erzählt in seinem „Ballade vom Februar 1934" genannten Poem von der Beendigung einer Fabrikbesetzung durch sechs die Auseinandersetzungen überlebende Arbeiter. Diese gaben mittels gehißtem weißem Hemd dem übermächtigen Gegner ihre Kapitulation bekannt und wurden dennoch gleich darauf auf Befehl eines jungen Leutnants von den Regierungstruppen erschossen. Richard Zach nennt zwar keinen konkreten Ort, für seinen Bruder war der fragliche Schauplatz „höchstwahrscheinlich die Konsum-Bäckerei in Graz-Eggenberg".[20]

Der Inhalt dieses Gedichts steht sichtlich im Zeichen der gesellschaftlichen und politischen Verhältnisse und Kämpfe der damaligen Zeit. Die „zerschossene Fabrik", die der Leutnant in den Augen der zu Erschießenden sieht, könnte stellvertretend für die Niederlage der österreichischen Arbeiterbewegung zu diesem Zeitpunkt stehen, für das Verbot auch der letzten sozialdemokratischen oder kommunistischen Organisationen. Die „beiden letzten", die „ganz gerade" stehen, weil „sie nämlich nie an Amnestie (glaubten)", scheinen im Kontrast zu den anderen Todeskandidaten auf den Meinungsstreit innerhalb der Arbeiterbewegung hinzudeuten. Auf jenen Meinungsstreit, der sich wegen der Vorgangsweise gegen die zunehmende gesellschaftliche Faschisierung in Österreich Anfang der dreißiger Jahre und während der Februarkämpfe 1934 entsponnen hat. Es ist bekannt, daß die abwartende, zögernde Haltung des sozialdemokratischen Parteivorstands schon vor 1933 der Ideologie der Sozialdemokratie während der ganzen Ersten Republik entsprach. Den Austrofaschisten schien es ein Gebot der Stunde, diese Unentschlossenheit in der stimmenstärksten Partei für den entscheidenden Schritt zur Machtübernahme zu nutzen und noch im März 1933 ihr Regime zu installieren, um dann mit äußerster Härte gegen die Arbeiterbewegung vorgehen zu können. Das zurückweichende Verhalten der sozialdemokratischen Führung stand nicht nur im Gegensatz zu den Auffassungen der kleineren Arbeiterpartei, der KPÖ, sondern auch zu der eines großen Teils der sozialdemokratischen Basis, so auch des Republikanischen Schutzbunds. Hier, in der Empörung über diese Politik gegenüber einem zunehmend gewalttätigen Gegner, ist wohl auch der Hauptgrund für den Übertritt tausender sozialdemokratischer Mitglieder in die bereits seit 1933 illegale KPÖ zu sehen. Ähnliches galt für den Personenkreis um Richard Zach. „Wir haben uns als Kommunisten betrachtet, weil alle anderen gegen den Faschismus versagt haben", erinnert sich Alois Geschwinder.[21] Es scheint unnötig, die vielen vorhandenen Darstellungen über die Ereignisse vor oder im Februar 1934 hier zu wiederholen. Bedeutung haben diese Ereignisse insofern, als sie den Hintergrund für einen entscheidenden Wendepunkt auch im Leben Richard Zachs bildeten.

Die Ballade vom Februar 1934

Weil ein weißes Hemd gehißt worden war,
konnten sie den Fabriksbau stürmen.
In die rauchige Wand hatte ein MG
in einem schönen Bogen Löcher gespritzt.
Und in einem großen Loch am Dach
fiel die Sonne hinein.
Über ein umgelegtes Tor
sprangen sie furchtlos
mit gefälltem Bajonett ein.
(Die anderen hatten nämlich
keine Patronen mehr.)

Ganz rückwärts ging ein Leutnant —
man konnte nie wissen —,
ein junger. Herr
Leutnant, sagte der Soldat
zu ihm. Bauerngesicht, rot und
stiernackig wie die anderen. „Herr
Leutnant. Melde gehorsamst..."
Und in seinen Augen
spiegelte sich ein brauner Acker
und die Zigarette,
die der Herr Leutnant rauchte, der Herr.
Er war Akademiker und
hatte einen wirklichen Schmiß.
Dann stieß
er mit dem Fuß einen Stein weg,
einen kleinen, eckigen.
(Er war nämlich auch Fußballer
und überhaupt ein fortschrittlicher Mensch.)
Und ließ sich
vom Fabriksschatten zurückschieben.
Es war nämlich
schmutzig und stank nach Maschinenöl.

Und der junge Kerl mit
dem breiten Bauerngesicht meldete,
daß
dreiundzwanzig Tote gefunden seien,
— nämlich
von den anderen —
und sechs Gefangene.
Und, ja, er
melde das gehorsamst, Herr...
Und er befahl, sie
abzuführen ins Direktionsgebäude, wo

er sein Quartier aufgeschlagen hatte, weil
es ihm kalt wurde.
Es lag
ein zerschossener Treibriemen neben ihm.
Und er wartete.
Und als sie vorbeigingen, die sechs,
(gebunden, selbstverständlich)
ließ er den beiden letzten
eins in den Rücken hauen, weil
sie die Köpfe hängen ließen,
diese Schurken,
und trat
ihnen mit der Stiefelspitze in den Hintern.
Die beiden hatten nämlich
gegen „Ergeben" gestimmt früher. Aber
nicht deshalb trat er.
Er war ja ein gerechter Mensch und
wußte es auch nicht.
Er war nämlich
auch Fußballer.

Es war schon ziemlich dunkel,
aber, wie gesagt,
er war ein gerechter Mensch und
ließ ihnen noch eine halbe Stunde
Zeit, den sechs.
Dann nahm
er sich noch eine Zigarette,
eine Liebesgabenzigarette,
und ließ sich von dem jungen Kerl
mit dem Bauerngesicht
melden, daß
die sechs an die Wand
des Magazinschuppens gestellt seien
(gehorsamst selbstverständlich).

Er ging die zwanzig Schritte hinüber,
und bevor er die Hand
hob und befahl,
blickte er nochmals die sechs an,
ganz gedankenlos,
bloß
so aus Neugierde.
Und in den zwölf Augen
sah er die zerschossene Fabrik hinten.
Und eine gewisse Bürde
drückte allen die Stirne nieder.

Nur die beiden letzten —
sie sahen aus, wie echte Banditen,
dachte er, weil
er einmal Philosophie studiert hatte —
die beiden letzten
standen ganz gerade.
(Die glaubten nämlich nie
an Amnestie,
aber das wußte er nicht.)
Dann
bemerkte er noch zufällig
die schmutzigen, klobigen Hände,
vorne gebunden
und zerschunden
im Schatten der Wände.
Und er sah, daß auch seine Soldaten
klobige Hände hatten,
nur etwas röter
neben dem Stahl.
Dann befahl er (...)
Dann zündete er eine Zigarette
an, eine Liebesgabenzigarette,

und schrieb mit einem Rotstift,
daß im Objekt acht
nur zehn Tote gefunden seien.
Rief den jungen Kerl
und schickte ihn
mit einem schönen Gruß und
dem Blatt zum Oberst hinüber.
(Der Oberst war nämlich
auch sein Papa, doch er dachte darüber
nur nach, wenn er
Geld brauchte.)
Er selbst ging
zum Direktionsgebäude
und steckte beide
Hände ein.

Nur unterwegs stieß
er einen Stein
mit dem Fuß weg, einen
kleinen, eckigen.
(Er war nämlich
Fußballer, wie gesagt.)
Und dabei
fiel ihm ein Schlager ein,
der englische, den
die kleine Blonde immer sang
von unten, wenn
es besonders toll wurde.
(Übrigens
hatte der Junge
die gleichen blonden Haare
gehabt wie die Kleine,
nur mehr schmutzig, der Junge von
den Sechsen drüben.)

„Melde gehorsamst, Herr",
hatte der junge Kerl gesagt
mit dem Bauerngesicht,
„Herr Oberst", und in seinen Augen
glänzte ein brauner Acker und
die Gewißheit, daß
er Zugsführer wurde nachher.
„Melde gehorsamst", und
er gab das Blatt.
(Nun glänzte auch
in seinen Augen etwas matt
der Stern des Oberst mit, Herrn
Oberst.)
Und der Oberst zündete sich eine
Zigarette an, eine
Liebesgabenzigarette,
und las: Objekt... zehn
Tote gefunden...,
und sagte: „Ab!"
Dann
nahm er einen Rotstift
(er war nämlich
der Papa, wie gesagt),
dann
nahm er einen Rotstift
und strich die Null weg
von zehn.
Die Null!

Entscheidungen

Wie allein schon dem Gedicht zu entnehmen ist, haben die Februarkämpfe 1934 bei dem fast 15jährigen Richard Zach einen nachhaltigen Eindruck hinterlassen. Sie dürften auch seine weitere politische Entwicklung entsprechend beeinflußt haben. In der folgenden Zeit griff er aktiv in das politische Geschehen ein. Den zeitlichen Rahmen hierzu bildeten die Jahre seines Besuchs der Bundeslehrerbildungsanstalt (BLBA) am Grazer Hasnerplatz vom Herbst 1934 bis zum Frühjahr 1938.

Sein Einsatz galt in diesen und den darauffolgenden Jahren dem „Stand", dem er „entsprang" — wie Richard Zach es später in einem Brief aus dem Gefängnis ausdrückte. Es handelte sich also um jene größte Gesellschaftsklasse, auf deren Rücken nun verstärkt die politisch-ökonomischen Veränderungen vollzogen wurden: die Arbeiterschaft. Richard Zach richtete dabei besonderes Augenmerk auf die vielen Arbeitslosen — deren Zahl betrug in Österreich 1934 bereits nahezu 600.000 — und auf die Ausgesteuerten. In seinen Gedichten beschreibt er diese Menschen voll Mitleid. Vermutlich an Hand konkreter Beobachtungen schilderte er ihre karge äußere Erscheinung oder ihren inhaltsleeren Tagesablauf. Er versuchte, ihre Sehnsüchte zu erkennen und in seiner noch jugendlichen Dichtersprache festzuhalten. Für Richard Zach waren es an den Rand der Gesellschaft gedrängte Menschen ohne Zukunftsperspektive. Dementsprechend sind seine diesbezüglichen Gedichte aus diesen Jahren eine Art lyrische Zustandsschilderung, ohne einen konkreten Ausweg anzudeuten. Die oft beklemmende Darstellung selbst scheint aber geradezu nach Veränderung der sozialen und politischen Situation zu schreien. Es sind auch zu viele davon betroffen, um das Elend übersehen zu können. Man trifft es überall in der Stadt und so auch in vielen Gedichten Richard Zachs — im „grauen Lichthof der grauen Mietskaserne", beim „Schulgang", „vor Schaufenstern" oder auf den „Arbeitslosenbänke(n) am Fluß"[22]:

Wir sitzen immer auf den gleichen Bänken,
wir Ausgesteuerten und Arbeitslosen,
und lassen uns die Sonne in die leeren Mägen scheinen.

> Der Fluß schiebt ruhig schmutzig seine Wellen vor.
> Man darf nicht lange in die braunen Blasen starren,
> sonst steigt der Fluß im Hirne dir empor.[23]

Wie am Beispiel dieser ersten Strophe eines Gedichts zu erkennen ist, schrieb Richard Zach nicht nur über die Ausgestoßenen seiner Zeit, sondern zugleich auch für sie, aus ihrem Blickwinkel. Er fühlte sichtlich mit diesen Menschen und wollte an der Veränderung ihrer Lage aktiv teilhaben. Dafür spricht etwa sein Engagement im Grazer Obdachlosenasyl, wo es ihm interessanterweise gelang, Insassen dazu zu bringen, einige seiner Gedichte in Art von Sprechchören einzuüben. Erhalten blieb auch das Konzept eines Sprechchors für Kinder, für die „Kinder der Armen", zu einer Weihnachtsfeier im Dezember 1937.[24]

Mehr und mehr taucht in vielen in solchem Zusammenhang entstandenen Gedichten der schroffe Gegensatz zwischen Elend und Wohlstand, Arbeit(slosigkeit) und Besitz und damit Unfreiheit und Freiheit auf. Für Richard Zach handelte es sich dabei um eine „Tragische Groteske", wie er ein längeres Gedicht betitelte, in der er unter anderem schrieb:

> Das Abendland ist lebensmüde
> in seinem Kreuzworträtselkleid.
> Das Kapital steht in der Blüte
> und klopft die Arbeitslosen breit.[25]

Klarerweise war es die Stadt, die die gesellschaftlichen Gegensätze unverhüllt und in einem dichten Nebeneinander dem Betrachter darbot. Mit offenen Augen durch Graz zu streifen mußte auch bedeuten, die soziale Kluft zu erkennen: „Die Menschen sind hungrig, die Menschen sind satt/in den Straßen der Stadt." Auf Reisen, verglich Richard Zach seine Heimatstadt mit anderen großen Städten. In seiner siebenten Deutschschularbeit an der BLBA vom 22. Mai 1937 kam er unter dem Titel „Die Schattenseiten einer Großstadt" etwa für die rote Bundeshauptstadt Wien, wenn auch vom oberflächlichen Standpunkt des Touristen aus, zu den gleichen Schlüssen wie für Graz.[26] Die Stadt, genauer: die Großstadt mit ihrem vielschichtigen sozialen Gepräge ist auch ein Thema, das Richard Zach immer wieder für seine lyrischen Aufzeichnungen aufgriff. Es ist ein Thema, das ihn bis in seine Haftzeit begleitete, das er dichterisch weiterentwickelte und das ihm in der Bedrängnis auch Brücken schlagen ließ: Erinnerungen an zu Hause. In diesem Sinne war und blieb Richard Zach auch ein „Stadtkind", wie er ein in der Haft entstandenes Gedicht betitelte und in dem seine ganzen diesbezüglichen Erfahrungen eingeflossen zu sein scheinen.

Stadtkind

Mich hat die große Stadt geboren,
die Schaffer und Gesindel kreißt,
die gärt, versehrt, ernährt und gleißt.
Ich habe mich in ihr verloren:

in ihren unzählbaren Adern,
wo Häuser, krankhaft aufgeschlossen,
verschachtelt, abgenützt, verdrossen
um jeden Fußbreit Boden hadern;

in ihren sonnenarmen Rillen,
wo sieche Kinder ewig plärren,
wo Frauen übermüd gebären
und ohne Kräfte sind zu stillen;

auf ihren kleinen, grünen Flecken,
wo Greise, ausgemergelt, hocken,
wo Mädchen mit gefärbten Locken
bei Nacht mit Männern sich verstecken;

auf ihren weiten, lauten Plätzen,
wo Weiber schwatzend Waren preisen,
wo über einem Netz von Gleisen
die Menschen in Geschäfte hetzen;
vor ihren protzigen Fassaden,

begeifert mit Reklamesprüchen;
vor Schenken, wo sich unter Flüchen
die Männer stur mit Fusel laden.

Mir ekelte vor dieser Stadt
und ihren hoffnungslosen Schatten
und ihren grellen, grauen, matten
Gestalten, die sie — niemals satt —

verschlingt und wieder speit und wieder,
die sich die Luft zum Atmen stahlen,
die schon verrußten in den Schalen
und Flitter hüllten um die Glieder.

Ich haßte dieses Lärmgeschwür,
den Hexenstrudel der Geräusche...
Und war doch Fleisch von ihrem Fleische...
Und bin doch stets ein Sohn von ihr.

Und als ich viele Nächte rannte,
da merkte ich, daß ihre Wunden —
vereitert, blutig, unverbunden —
ein Häuflein geiler Zwerge brannte,

die sich bereichern an der Schande,
die meine Stadt mit Lügen schminken,
daß ihre Poren schwitzen, stinken,
Gerümpel häuften an dem Rande.

Ich höhnte nicht mehr alle Stunden.
Ich lernte, auch in düstren Ecken
Grashalmen lauschen, die sich strecken.
ich fühlte es, daß unter bunten

Scheinformen starke Pulse pochen;
daß in den schmierigen Fabriken
zerhämmert wird, was seit Geschicken
wuchert, die Stadt zu unterjochen.

Ich ahnte es, daß hinter Dirnen,
hinter Gescheiterten, die lungern,
hinter jahrzehntelangem Hungern
Geschlechter kommen, hoch die Stirnen.

Und ich vernahm, wie aus dem Trubel,
dem Rennen, Stoßen, Schieben, Zank
der schlichte Schritt der Zukunft klang;
wie aus dem Kreischen stolzer Jubel,

Bewußtheit einer wahren Sendung,
aufstieg und jede Enge sprengte.
Je mehr ich mich in ihm vermengte,
je mehr erfuhr ich die Vollendung.

Die kahlen Schluchten wurden Bahnen,
auf denen rastlos Güter rollten.
Frei waren, die da werken wollten.
Die Schlote qualmten breite Fahnen.

In lichten Höfen spielten Jungen.
Mächtige Bauten bargen Schätze.
Die Stadt war nicht mehr eine Metze;
sie hatte ihren Sieg errungen...

Ich glaub' es, Stadt, Du wirst gesunden.
Ich weiß, daß Du das Morgen warst.
Froh bin ich, daß Du mich gebarst.
Ich habe mich in Dir gefunden.

Bald nach seinem Eintritt in die Grazer Bundeslehrerbildungsanstalt befreundete sich Richard Zach mit einem etwas älteren Studienkollegen, mit Josef Martin Presterl. Presterl dürfte einer der ersten gewesen sein, dem Richard Zach auch schon Gedichte zur Begutachtung anvertraute. Dies lassen einige kritische Anmerkungen zu ein paar Gedichten in einem Gedichtetagebuch Richard Zachs vermuten, die nach Einschätzung von ehemaligen Mitstreitern Josef Martin Presterl zuzuschreiben sind. Die darin enthaltene Kritik hat nichts mit einer einfachen Bewertung gemeinsam. Vielmehr beinhaltet sie Verbesserungsvorschläge oder Fragen, die der Schärfung des dichterischen Ausdrucks dienen. Verschiedene Anmerkungen sind augenscheinlich so angelegt, daß sie zu einem tieferen politischen Verständnis und zur Entwicklung einer entsprechenden Bewußtseinshaltung beitragen konnten. So etwa fragt Presterl, wenn Richard Zach in dem frühen Gedicht „Frühling" von der trostlosen Situation der Arbeitslosenkinder schreibt, nach der Ursache für ihre Lage: „Wenn die Arbeiterkinder schon mit Dreck spielen müssen, dann warum?" Oder er verurteilt die Perspektivlosigkeit der Darstellung: „Kein Ausweg!"[27] Es ist anzunehmen, daß Presterls Anregungen nicht einer Laune entsprangen, sondern daß sie bewußt gezielt formuliert wurden. Das Verhältnis zwischen den beiden Studienkollegen war ja nicht nur ein freundschaftliches, sondern recht bald auch schon ein eindeutig politisches.

„Presterl war ein sehr begabter Bursch, der seine Schulzeit an der LBA zu nutzen wußte", schreibt ein ehemaliger Mitstreiter, Adolf Strohmaier, und: „Er war aktiver Kommunist, arbeitete in der Partei sowie im Jugendverband." Im Auftrag des illegalen Kommunistischen Jugendverbands (KJV) hatte Presterl an der Anstalt eine Widerstandszelle gegründet, mit deren Zielsetzungen er seine Schulkameraden vertraut machte. „Die von Presterl organisierte illegale Studentengruppe war nie sehr zahlreich oder aktiv, alles zusammen zehn bis fünfzehn, aber nie mehr als fünf gleichzeitig", wie Strohmaier berichtet. Zu Richard Zachs Zeiten sollte die Gruppe später auf mehr als das Doppelte an Mitgliedern anwachsen. Die Gemeinschaft zwischen Presterl und Richard Zach währte jedoch nicht lange. Noch im Frühjahr 1935 wurde Presterl verhaftet, zu fünf Monaten Haft im Anhaltelager Messendorf verurteilt und vom Schulunterricht ausgeschlossen. Nach seiner Haftzeit lebte er bis 1936 illegal in Wien, von wo aus er die Internationale Friedenskonferenz der Jugend in Brüssel besuchte. Danach ging Presterl nach Spanien, um am Kampf gegen die Franco-Faschisten teilzunehmen. Er überlebte seine Internierung im Konzentrationslager Dachau und kam 1945 nach Graz zurück, wo er kurze Zeit in der Redaktion der „Wahrheit" mitarbeitete. Wiederum war Presterl einer der ersten, die sich um Richard Zach annahmen. In einer von ihm redigierten Anthologie wurden 1945 zum erstenmal Zachsche Gedichte veröffentlicht. 1946 wurde Presterl nach Jugoslawien eingeladen — er hatte in Dachau eine Reihe slowenischer Kommunisten kennengelernt, die nach der Befreiung wichtige Funktionen in ihrem Land übernahmen. Über diese Reise veröffentlichte er eine begeisterte Broschüre unter dem Titel „Zweitausend Kilometer durch das neue Jugoslawien". Im Oktober 1947 wurde er — mit seiner Verlobten Hildegard Hahn — neuerlich nach Jugoslawien eingeladen, dort jedoch verhaftet und in Ljubljana (Laibach) gemeinsam mit hochrangigen slowenischen Staatsbeamten und Parteifunktionären vor ein Militärgericht gestellt. Die 15 Angeklagten gestanden, als Gestapo-Spitzel gearbeitet und an der Zerschlagung antifaschistischer Widerstandsgruppen mitgewirkt zu haben. 1945 seien sie in den Dienst einer „westlichen Macht" getreten und hätten für diese gegen Jugoslawien Spionage betrieben und Sabotageakte verübt. Neun der elf zu Tode Verurteilten wurden im April 1948 hingerichtet, unter ihnen Josef Martin Presterl.[28] Seit 1988 laufen Bemühungen, den ungerechtfertigt Verurteilten im „Dachau-Prozeß" in Ljubljana ein Denkmal zu setzen.

Es soll in unsern Reihn...

Es soll in unsern Reihn auch blinde Wut,
gemeiner Schrecken — heißt es — Orgien feiern.
Die Feinde kreischen: „Seht, die Mörderbrut!"
Und während sie sich überbieten im Beteuern,
tropft noch von ihren Händen Blut,
weht noch ein Stöhnen von gequälten Brüdern
um ihren possenhaft gestreckten Finger;
schleppt sich mit müden, wund geschlagenen Gliedern
ein Zug Genossen durch der Nacht gesprengter Zwinger.
Und während sie mit tränenfeuchten Lidern
anklagend klimpern, um die Welt zu rühren,
erhängen ihre Büttel auf dem Galgenhügel
die Geiseln, heben Beil und Prügel,
zu dienen strengen Herren nach Gebühren.

Jahrzehnte preßten sie uns ohne Rücksicht aus!
Jahrzehnte warfen sie von ihrem Prasserschmaus
uns Abfall hin, zuerst von ihren Hunden
beschnüffelt und zu schlecht befunden.

Jahrzehnte war es uns verboten,
zu denken oder gar zu sprechen.
Zum Henker, rief man, mit den störrischen Heloten,
die auch zu leben sich erfrechen!
Kein Wunder, wenn Erbitterung rasen will,
wenn Hungerhände jetzt zu Krallen werden,
wenn Racheschreie aus der Not nun schrill
aufgellen aus gehetzten Sklavenherden!
Doch treibt uns keine Gier, gleich zu vergelten,
was jene an Millionen herrschaftstoll verbrachen.
Wir sind geboren, reinen Tisch zu machen,
Besitz zu nehmen von den frech geraubten Welten!
Und unser Kampf bleibt klar, genötigt,
zu Rachefesten fehlt, zielbewußt,
uns Zeit wie Lust!

Und wenn in unsern Reihen blinde Wut,
gemeiner Schrecken wirklich Orgien feiern,
so sind das Feuer schlechter, ausgestreuter Glut.
Sie stören unser Streben, zu erneuern.
Die Funken prasseln gänzlich ungebeten
in unserm Kreis! Wir werden sie zertreten!

Politische Lehrjahre

Richard Zach hatte noch nicht das erste Jahr an der LBA hinter sich und sah sich vor der Aufgabe, aktiv nach Gesinnungsgenossen zu suchen. Die Arbeitsweise und der Charakter der Gruppe hingen eng zusammen mit den Erfahrungen, die organisierte Jungkommunisten in der Auseinandersetzung mit dem austrofaschistischen Regime in den ersten Jahren des „Ständestaats" sammelten. Der eigentliche Anstoß zu einer Gruppe um Richard Zach kam auch nicht von ihm allein, sondern von einem Freund und Genossen des nunmehr verschwundenen Presterl: von Adolf Strohmaier. Strohmaier war etwa drei Jahre älter als Richard Zach und besuchte die Baufachschule. Er war einer von jenen, die bis 1934 auf sozialdemokratischer Seite, zuerst bei den Kinderfreunden, dann beim Verband Sozialistischer Mittelschüler (VSM), aktiv waren und erst seit den Februarereignissen in diesem Jahr Kontakte mit den illegalen Kommunisten aufnahmen. Strohmaier gehörte auch zu denjenigen, die in der austrofaschistischen Zeit wegen organisierter kommunistischer Tätigkeit mehrmals verhaftet wurden und entsprechende Erfahrungen der illegalen Arbeit weitergeben konnten. Sein Kontakt zum illegalen KJV wurde 1934 über Presterl hergestellt. Einige Monate später, im Frühjahr 1935, lernte Strohmaier, ebenfalls über Presterl, auch Richard Zach kennen und „sah... gleich", wie er schreibt, „der war was". Die beiden wurden schnell gute Freunde. Strohmaier war schon kurz vor seiner Bekanntschaft mit Richard Zach aktives Mitglied des illegalen KJV. Der KJV Graz hatte vor 1934 mit 30 bis 40 relativ wenig Mitglieder, nach dem Februar 1934 waren es zeitweise 100 bis 150. — „Zu denen, die schon vor 1934 dabei waren, gehörten Moravec, Hans Spielmann, Josef Martin Presterl, Paul Gasser, Schalin, Gottlieb. Nach dem Februar kamen Podhoustnik, Wendl (Sohn eines sozialdemokratischen Nationalrats), Draschbacher, Haboth und ich", schreibt Strohmaier.[29]

Eine wichtige „Errungenschaft" war eine Gruppe aus Gösting um den damals jugendlichen Oberlederzuschneider Alfred Steinbauer. Steinbauer, der ebenfalls aus einer sozialdemokratischen Arbeiterfamilie stammt, erinnert sich, daß er 1934 in das jungkommunistische Lager mehr „hinübergeschwommen" ist. — „Wir waren vielleicht zuerst nur gegen das Regime, weil es uns alles genommen hat, was uns etwas bedeutet hat. Das Heim (der Kinderfreunde beziehungsweise Roten Falken — Anm. d. Vf.) war ja unser Heim, wirklich unser Heim!" Und es war dann auch die ganze Gruppe, die schon bei den Kinderfreunden und dann bei den Roten Falken in einem ausgeprägten Arbeiterbezirk „bis 1934 unter Gleichgesinnten oder Gleicherzogenen gelebt" hat, die sich allmählich — etwa über die Gewerkschaftsjugend — von KJV-Mitgliedern organisieren ließ. „Da war man auf einmal drinnen. Mitglied hat's eigentlich keines gegeben für mich. Das war damals lose." Dafür gab es aber sogenannte Organisationsleute, erzählt Steinbauer, der sich selbst einer Gewerkschaftsgruppe zugehörig fühlte, „die Olga Meitzen war in meiner Gruppe die Organisationsleiterin. Die hat gesagt, was gemacht wird ... Die Erna Koch ist mit dem Propagandamaterial, das wir verteilt haben, gekommen. Und die Dolfi Maier hat die Spenden entgegengenommen zur Finanzierung der Druckschriften usw." Steinbauer wurde wie Strohmaier im Jahr 1937 verhaftet, hielt sich kurze Zeit abseits und traf dann, über Strohmaier, im Herbst 1937 zur konspirativen Gruppe um Richard Zach. Die „Göstinger", wie die Gruppe um Steinbauer genannt wurde, waren im Kern auch in der nationalsozialistischen Zeit eine der aktivsten Zellen.[30]

Mitte der dreißiger Jahre gab es, wie Adolf Strohmaier berichtet, drei Funktionäre in einer illegalen KJV-Zelle: 1. den politischen Leiter, 2. den Kassier und 3. den I-Mann, den technischen Leiter oder „illegalen" Mann. Strohmaier war I-Mann in einer Zelle im vierten Grazer Bezirk und wurde schon 1935 Mitglied der Bezirks-, dann der Kreisleitung des KJV Graz. Von 1936 bis 1937 arbeitete er in der Kreisleitung als Provinzkontaktmann zu Zellen in der näheren und weiteren Umgebung von Graz (Köflach, Voitsberg usw.). Und Strohmaier war es auch, der seine jungen Freunde später immer wieder vor zu engen Kontakten, vor zu leichtsinnigem Informationsaustausch mit den sogenannten Alten warnte. So wurden von den der Polizei noch unbekannten jüngeren Zachschen Gruppenmitgliedern jene genannt, die entweder schon in der Ersten Republik als Kommunisten oder Sozialdemokraten öffentlich aufgetreten waren oder die sich nach 1934 mit dem austrofaschistischen Regime angelegt hatten. Hierzu zählten vor allem die Jungkommunisten des KJV. — Die „Aktivisten waren Polizeibekanntschaften", schreibt Adolf Strohmaier, in „regelmäßigen Zeitabständen wurden sie verhaftet, fotografiert, Fingerabdrücke". Alois Geschwinder erzählt,

Strohmaier habe „immer gesagt: ‚Paßt's auf, paßt's auf, die sind alle von Polizeispitzeln durchsetzt, die sind alle bekannt ... haltet's euch weg!'" Daß solche Warnungen nicht aus der Luft gegriffen waren, stellte sich für den Grazer KJV, damit also auch für Adolf Strohmaier, relativ bald heraus.[31]

Im Jahre 1936 etwa gab es eine Demonstration des KJV Graz vor dem Kino am Jakominiplatz wegen eines Films über den ersten Weltkrieg. Es handelte sich um die Vorführung eines Antikriegsfilms, veranstaltet von der „Liga für Menschenrechte". Alle illegalen KJVler waren aufgerufen, daran teilzunehmen. Der Staatspolizei konnte ein derart großer Aufmarsch mit eigentlich eindeutig zu erkennender politischer Ausrichtung nicht verborgen bleiben. Sie war ebenfalls anwesend. Die Unvorsichtigkeit der jungen Kommunisten wurde allerdings nicht sofort „honoriert". Vermutlich wollte man sich diese Aktion und vor allem die Gesichter erst einmal anschauen.[32]

Wie informiert die Polizei bereits zu diesem Zeitpunkt war, schien niemand zu ahnen. Der Anklageschrift der Staatsanwaltschaft Graz gegen Adolf Strohmaier und andere vom 29. Mai 1937 ist zu entnehmen, daß den austrofaschistischen Behörden die nach 1934 einsetzende Tätigkeit der Jungkommunisten in verschiedenen offiziellen Vereinen recht bald bekannt wurde:

> Der Polizei Direktion Graz war schon vor längerer Zeit die Mitteilung zugekommen, dass die kommunistische Partei und der kommunistische Jugendverband, den Beschlüssen des 7. Weltkongresses der Komintern entsprechend, trachtete, ihre Tätigkeit in legale Organisationen und Vereine zu verlegen. Auf Grund vertraulicher Mitteilungen konnte festgestellt werden, dass es dem kommunistischen Jugendverbande Österreichs gelungen war, sowohl in der Gewerkschaftsjugend als auch in der sogenannten Olympia-Wandergruppe der Sektion des Bundes für Bildung und Sport Fuss zu fassen und dort Zellen zu gründen.[33]

Die Staatspolizei war offensichtlich äußerst aktiv. Sie verstand nicht nur, die Verbindungslinien und Kontakte der „Alten" zu verfolgen, es gelang ihr auch, die Arbeitsweise der organisierten Jungkommunisten aufzudecken. Die Beobachtungen gingen weiter und wurden intensiver. In der Zeit von 24. bis 27. Dezember 1936 unternahm der KJV einen Weihnachtsausflug zum Kesselfall nördlich von Graz. Aus Strohmaiers Anklageschrift geht hervor, daß solche Tarnungsversuche für illegale Zusammenkünfte nichts mehr nutzten: „Bei diesem Ausfluge wurden Ansprachen im kommunistischen Sinne an die Teilnehmer dieses Ausflugs gehalten, die Internationale und kommunistische Lieder gesungen. Auch kommunistische Zeitungen wie ‚Proletarier-Jugend' wurden verteilt." Hier war es aber auch schon den KJVlern aufgefallen, daß sie beobachtet werden. Aus konspirativen Gründen trat die gesamte Grazer Stadtleitung des KJV zurück, und es konstituierte sich eine neue Leitung um Ernst Grießauer. Grießauer war allerdings bereits bekannt und wurde im Jänner 1937 von der Polizei vorgeladen. Er sollte die Zusammensetzung der neuen Leitung verraten — die führenden Köpfe würde man verhaften, die anderen aber blieben ungeschoren, wurde versprochen. Der Weigerung Grießauers folgten im Jänner und Februar 1937 mehr als 100 Verhaftungen, nach denen die jungen Leute teilweise sogar in Zehnergruppen abgeurteilt wurden. „Die Leitungsmitglieder", erinnert sich Alfred Steinbauer, „wurden ja dann getrennt: Fritz Faritsch, Adolf Weiß, Hans Spielmann."[34]

Auch Strohmaier wurde verhaftet und hatte die ersten 14 Tage meist in Einzelhaft zu verbringen. Nach viereinhalb Monaten mußte man ihn aber wieder entlassen, da er für kurze Zeit zum Militärdienst einberufen wurde. In den Einzelverhören, die in der Regel bis 22 Uhr dauerten, wurde Strohmaier seitens der Polizei einmal offenbart, es wäre leichter für sie, wenn er Nazi würde. — Dies im Jahre 1937, in dem die NSDAP im „Ständestaat" Österreich noch verboten war! Der Leiter dieser und ähnlicher Aktionen, Johann Stelzl, schien zu wissen, wovon er sprach und warum er sich entsprechend engagierte. Als Kriminalrevierinspektor in der Heimatstadt Richard Zachs war Stelzl von 1934 bis 1938 „Spezialist für die illegale Linksopposition" und ging in dieser Funktion dann nahtlos zu den nationalsozialistischen Machthabern über. „Der hat die Fäden in der Hand gehabt und hat alles gewußt", erzählt Alois Geschwinder. Daß der Polizist Stelzl in dem von ihm geleiteten Referat mit seiner Haltung nicht alleine war, wird durch die Schilderung von weiteren Inhaftierten dokumentiert. So soll ein Untergebener Stelzls, ein gewisser Willibald Rumpler, in den Verhören ebenso verfahren sein. Nicht nur zu dem inhaftierten KJV-Mitglied Alfred Steinbauer muß er gesagt haben: „Du dummer Bua, wärst ein Nazi, könnt' ma ganz anders reden!"[35]

Die Arbeit der Polizei war aber nicht nur personenbezogen, sie ging sichtlich darüber hinaus. Man informierte sich über den theoretischen Hintergrund der illegalen Tätigkeit der Kommunisten und wußte so wohl auch, was auf diesem VII. Weltkongreß der Kommunistischen Internationale (Komintern) im Juli/August 1935 in Moskau neben der Arbeit in legalen Organisationen noch beschlossen worden war: Die Dimitroffsche Definition des Faschismus als „unverhüllte, terroristische Diktatur der extrem reaktionären, chauvinistischen und imperialistischen Elemente des Finanzkapitals".[36] Daß sich diese Einschätzung in erster Linie auf die Erfahrungen Dimitroffs und anderer mit dem deutschen Faschismus bezog, schien für eifrige „Ständestaat"-Polizisten nicht nur sekundär, vielleicht sogar ein Ansporn zu sein. Der politische Hauptfeind jedenfalls war der gleiche: die Kommunisten. Zudem dachten bekanntlich nicht wenige der austrofaschistischen Häscher schon frühzeitig in größeren geografischen und politischen Kategorien. Der berufliche Aufstieg von Protagonisten eines Anschlusses Österreichs an Hitler-Deutschland, etwa vom Schlage eines Stelzl, war so die logische Konsequenz. Der hier sich schon andeutende ungewollte Kontakt zu Johann Stelzl und Konsorten sollte sich auch für die jungen Grazer um Richard Zach auf lange Sicht in einer äußerst verhängnisvollen Entwicklung niederschlagen.

Dann lieber

Dann lieber mit den Sklaven fronen,
wenn Herr sein unterdrücken heißt,
brutal, begierig, heuchelnd, dreist
die andern schinden, selbst sich schonen!

Dann lieber Peitschenhiebe leiden,
als sie berechnend auszuteilen
und sich an solcher Macht zu weiden!
Denn glaube nicht, daß Striemen heilen.

Sie brennen weiter unter Narben!
Sogar das Vieh vergißt sie schlecht!
Es kommt ein Tag nach allem Darben,
der bringt dem Ärmsten noch sein Recht.

Dann lieber in den Staub sich beugen,
als Brüder in den Staub zu jagen!
Ob sie auch heute stumm ertragen —
sie werden doch nur Rache zeugen.

Dann lieber mit den Hunden hungern,
als Herrendünkel anzunehmen,
ein Leben lang mit Kunst zu lungern
und Menschendasein zu beschämen.

O diese widerlichen Ritter
mit ihrer Bande feiler Schergen!
Wann reißt nur endlich ein Gewitter
die Schleier weg, die sie verbergen?!

O dieser Hohn an Menschenadel!
O dieses Zerrbild wahrer Kraft!
Den Riß stopft keines Weisen Nadel!
Es ist ein Abgrund, der da klafft!

Und hätte selbst ein Gott bewendet,
daß Herren Sklaven frech regieren —
dann mit den Sklaven rebellieren,
daß diese Ordnung einmal endet!

Gruppengründung

Bereits 1935 stand Richard Zach also vor der Aufgabe, nach potentiellen Mitgliedern für eine Gruppe zu suchen. Dabei schien für ihn von allem Anfang an klar gewesen zu sein, nicht in zu engem Kontakt zu den organisierten Alt- oder Jungkommunisten zu stehen, was auch größtenteils gelang. Viele wußten bis 1937/38 nichts von einer Gruppe um Richard Zach. Inwiefern Richard Zachs älterer Schulkollege und erste Kontaktperson zum KJV, Presterl, dabei eine Rolle gespielt hat, ist nicht bekannt. Sicher scheint der Einfluß beziehungsweise der Rat Adolf Strohmaiers. „Der Adolf hat immer gesagt: ‚Konspiration'", erzählt Alfred Steinbauer. Dazu kam später ein weiterer bedeutsamer Moment. Steinbauer berichtet, daß Richard Zach und dann auch Alois Geschwinder der Ansicht waren, „daß ein Geschulter wesentlich mehr ausrichten kann als ein Flugzettel". Die Frage war nun, wo trafen sich junge Leute und wo konnte man mit ihnen entsprechend arbeiten, ohne den austrofaschistischen Behörden gleich aufzufallen? So wurde begonnen — was auch der KJV betrieb —, in Organisationen der

Festakademie der Studentengruppe Jungfreiheitsbund (1. Juli 1936); Leitung: Richard Zach, zwischen drittem und viertem Mädchen.

Richard Zach (Anfang 1937).

christlichen Arbeiterbewegung mitzuarbeiten. Der primäre Grund, wie es Alois Geschwinder ausdrückt, war der, ein „legales Dach zu haben".[37]

Als Hauptexperimentierfeld der noch unbekannten jungen Grazer diente in dieser Zeit der Freiheitsbund, der Richard Zach Anlaß zur Gründung einer Untergruppe, des halblegalen Jungfreiheitsbundes, bot. Dieser wurde später, noch vor Weihnachten 1936, umgewandelt und umbenannt in Studentenarbeitsbund. Innerhalb dieser Organisationen konnte die antifaschistische Arbeit im Rahmen einer politisch-kulturellen Tätigkeit entfaltet werden. Die Voraussetzungen dazu schienen günstig zu sein. Alois Geschwinder schätzt heute die Situation so ein: „Die Schwarzen waren froh, daß sie Jugendliche gehabt haben, daß überhaupt ein Jugendleben in ihrem Bereich existiert. Das haben wir ausgenutzt." Dementsprechend wurde auch das Programm eigenständig zusammengestellt. Dazu hatte man aus dem Vorrat zu schöpfen, der sich aus den Interessen und Neigungen der Jugendlichen

Heute Sonntag, 13. Dezember 1936 um 19 Uhr

Wohltätigkeits-Akademie

zu Gunsten des notleidenden Werkstudententums in der Studentengruppe des Arbeitsbundes im Mahagonisaal der Grazer Arbeiterkammer

Marion Clarici	Opernsängerin
Margarethe Sieglinde Klivinyi	Konzertpianistin
Hans Haidenbauer	der steirische Arbeiterdichter
Ing. Leo Reisinger	von der Städt. Oper Graz
Dr. Karl Panzenbeck	Steiermarks bester Humorist

Ferner vom Studenten-Arbeitsbund:

Richard Jach	aus eigenen Werken
Richard Scherzer	Spruchsprecher
Karl Frischenschlager	Violinsolist
Roland Landor	der mimische Karikatist
Studentenquartett	Regner, Polanetz, Schratzer, Scheer
Studenten-Arbeitsbund	Gemeinschaftsgesang und das
Orchester des Studenten-Arbeitsbundes	

Beginn: 19 Uhr. Ende: Zirka 21 Uhr 30. — Eintritt 50 Groschen

Für jeden Einkauf, seit mehr als 50 Jahren
Kastner & Öhler, Graz, Sackstr. 7-13

Rabitsch, Waltendorf

ergab. — "Es waren sehr viel kulturell interessierte Leute. Der eine hat gemalt, der andere musiziert, der nächste hat Ausdruckstanz gemacht, die waren recht musisch alle", erinnert sich Alois Geschwinder. Solcher Art Zusammenkünfte konnten im Gewerkschaftshaus der christlichen Arbeiterbewegung in der Grazer Elisabethinerstraße stattfinden.[38]

Man versuchte, auf zwei Ebenen zu arbeiten. Intern galt es, unbemerkt einschlägige Bildung und Schulung voranzutreiben, wofür das Gewerkschaftshaus der christlichen Arbeiterbewegung wohl kaum der richtige Ort war. Die geheimen wöchentlichen Zusammenkünfte, die neugierige Beobachter gänzlich ausschließen sollte, fanden an unverdächtigen Plätzen, zum Beispiel an der Mauer des Grazer Judenfriedhofs, statt. Daneben wurden über den offiziellen Kreis des Jungfreiheitsbundes auch öffentliche Veranstaltungen, sogenannte Akademien, organisiert. Auf diese Weise konnten ebenfalls Bekanntschaften geschlossen werden, die möglicherweise in einer späteren Mitarbeit mündeten. Am 1. Juli 1936 fand eine Festakademie des Jungfreiheitsbundes statt, die bereits unter der Leitung Richard Zachs stand. Auf einer Art Flugblatt wurde Monate später, für den 13. Dezember 1936, zu einer "Wohltätigkeitsakademie" in den Mahagonisaal der Grazer Arbeiterkammer eingeladen — "zugunsten des notleidenden Werkstudententums in der Studentengruppe des Arbeitsbundes", wie es in der Einladung heißt. Neben einem Orchester, einem Gemeinschaftgesang, einem Studentenquartett und verschiedenen Solisten des Studentenarbeitsbundes las Richard Zach "aus eigenen Werken". Demnach war es hier schon der Zachsche Studentenarbeitsbund, der diese Feierlichkeit veranstaltete. Der Grund für die Umwandlung beziehungsweise Umbenennung war der, daß bereits junge Studenten und Lehramtskandidaten in der Gruppe vertreten waren. Zudem sollte, wie Alois Geschwinder berichtet, "die Idee der Arbeit" im Namen enthalten sein.[39]

Es gab also verschiedene Wege, zur konspirativen Gruppe um den werdenden Lehrer zu stoßen. Alois Geschwinder etwa suchte selbst einen entsprechenden Anschluß. Der Hinweis eines Schulkollegen, "wo die Kommunisten zusammenkommen", veranlaßte ihn, mit diesen Kontakt aufzunehmen. Es bedurfte einiger Zusammenkünfte, bis sich Alois Geschwinder zur Mitarbeit entschied. In der Gruppe war man vorsichtig. Einen Kontakt zu schließen bedeutete noch nicht, die neue Bekanntschaft voll zu integrieren. Alois Geschwinder schien das

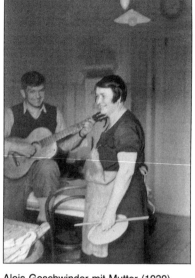

Adolf Strohmaier (1939).   Alois Geschwinder mit Mutter (1939).

zu spüren und begnügte sich — „bis man da durchdringt durch diese Schutzschicht, das wird einige Zeit dauern". Lange dauerte es jedenfalls bei Geschwinders späterer Ehefrau, bei Elfriede Neuhold, hier jedoch aus einem anderen Grund. Für Elfriede Neuhold war unter anderem ebenfalls eine Schulfreundin ausschlaggebend, daß sie — kurze Zeit nach Alois Geschwinder — mit dem Kreis um Richard Zach Kontakt aufnahm. Die Schulfreundin erzählte ihr von Adolf Strohmaier, ihrem Cousin, und den Umständen, die zu dessen Haft führten. Die Fünfzehnjährige war beeindruckt und lernte Adolf Strohmaier kennen. Ihre freundschaftlichen Begegnungen führten dazu, daß Elfriede Neuhold an der Zusammenkunft der Gruppe beim Grazer Judenfriedhof im Herbst 1937 teilnahm. Zugleich wurde von anderer Seite um sie regelrecht geworben. Auf Grund einer persönlichen Einladung nahm sie bereits 1936 an der Weihnachtsfeier des kurz zuvor ins Leben gerufenen Studentenarbeitsbundes teil. Dort sah sie zum erstenmal Richard Zach, der eine Rede hielt und sie, wie sie heute sagt, gleich „unendlich beeindruckt" hat. Aber nicht nur die Persönlichkeit Richard Zachs war es, die sie bewegte, es war auch sein Umkreis: „Ich war

Die neue Zeit

Im Eisentakt der dröhnenden Maschinen,
über den emporgeschossen, mageren Schloten geballt,
und fiebernd sehnsüchtig, am blitzenden Strang der Schienen,
wartet sie mit durchbrechender Gewalt.
Triumphierend, von tiefster Gewißheit durchdrungen
siegte sie: nie wird sie niedergezwungen.
Belächelt die Anfeindungen, den Neid:
    die neue Zeit!

Wir wollen nicht länger als Mindere gelten,
wir wollten und wollen nie Parias sein.
Emporgerissen, zerstäubend über den Dunst bedrückter Welten,
begeisternd alles in ihren Reihn.
Für sie ist nichts nutzlos, nichts verloren.
In schwieligen Arbeiterfäusten wird sie geboren,
und jubelnd ersteht sie im Arbeiterkleid:
    die neue Zeit!

Wir Jungen sind ihre Kämpfer und Erben,
wie sie unser Vorbild, unser Ideal sein soll.
Vernichtend, zerstörend das Schlechte. Aus Scherben
ersteigt ihr ewiges Symbol.
Wir Jungen geben ihr unsern Geist,
der Mittelpunkt, um den sie kreist.
Wir Jungen, wir kommen, wir sind bereit
    für die neue Zeit!

    1. Juli 1936 (Vorgetragen bei der Festakademie
    der Studentengruppe Jungfreiheitsbund).

Bleistiftskizze, vor 1938.

einfach hingerissen von der Art, wie die miteinander gesprochen haben. Ich hab' vorher nie junge Leute kennengelernt, die so ein Niveau gehabt haben, die so viel über Kunst usw. gesprochen haben." Trotzdem sträubte sich Elfriede Neuhold gegen die vielen Einladungen, die möglicherweise auch auf die Bekanntheit ihres familiären Hintergrunds zurückzuführen waren. Dieser war sichtlich derart bewußtseinsbildend, daß sie meinte: „Niemals gehe ich in eine schwarze Organisation!" Auch für sie gab es also diese „Schutzschicht", die sie als solche noch nicht zu erkennen vermochte. Erst einige Zeit später, nachdem sie in einem anderen Zusammenhang mit der Gruppe zu tun hatte, wurde ihr klar, wie sie sagt, „was das für Leute sind".[40]

Innerhalb des Studentenarbeitsbundes organisierte Richard Zachs Schwager, Toni Gölles — Alfred Zach war seit 1935 mit Grete Gölles verheiratet —, für den Sommer 1937 eine Spielfahrt nach Jugoslawien, in die deutschsprachigen Dörfer der Bačka. Wieder trat man auch an Elfriede Neuhold heran mit der Einladung, mitzufahren und Theater zu spielen. — „Da hab' ich mir dann auf einmal gedacht: Na, kann man nichts machen, wenn man einmal in die Welt will, muß man halt unter Umständen auch mit den Schwarzen fahren", erzählt sie heute. Für die vierwöchige Spielfahrt sollte ein Jedermannspiel, der „Totentanz" von Alois Johannes Lippl, vorbereitet werden. Elfriede Neuhold wurde eine Rolle vorgelegt und aufgefordert, Richard Zach ein Stück daraus vorzusprechen. Sie hatte Erfolg und nahm in der Folge regelmäßig an den Proben teil. In den Frühjahrsmonaten 1937 wurde die Reise organisiert, die Rollen eingelernt und das Stück geprobt. Um das nötige Geld aufbringen zu können, gab es schon Darbietungen in Graz und Umgebung. Auch die Aufführung eines Kasperltheaters diente diesem Zweck. Die Eintrittskarten wurden von Tür zu Tür und unter Bekannten vorverkauft.[41]

Die Reise nach Jugoslawien verlief ohne größere Schwierigkeiten. Von Wien bis zur ungarisch-jugoslawischen Grenze fuhr man auf der Donau mit dem Schiff. Ab Bezdan marschierten die jungen Leute durch die Dörfer der Bačka über Apatin bis vor Novi Sad. Gesungen wurde dabei alles, was an bekanntem Liedgut hervorzukramen war, aber auch alte, in sozialdemokratischer Tradition stehende, Lieder wie „Mit uns zieht die neue Zeit" oder „Brüder, zur Sonne, zur Freiheit". Insgesamt dauerte die Reise von 12. Juli bis 14. August 1937. Bei den

Spielfahrt von Mitgliedern des Jungfreiheitsbundes im Sommer 1937. Mitte: Toni Gölles; rechts daneben: Richard Zach.

Zwischenstation Bratislava.

Auf dem Weg durch die Bačka. Dritter von rechts: Richard Zach; vierte von rechts: Elfriede Neuhold.

Darbietungen ihres Jedermannspiels führte Richard Zach gemeinsam mit seinem Schwager Regie und spielte die Hauptrolle: den Tod. Elfriede Neuhold spielte die Buhlerin und Alois Geschwinder den Landsknecht. Auch bei der Theatergruppe handelte es sich nicht um eine vollends eingeweihte, homogene Gruppe. — „Das war eine gemischte Gesellschaft, wie halt junge Leute sich treffen. Der war Monarchist, der andere war ein braver Christ, und der nächste war halt ein eher Linker", erinnert sich Alois Geschwinder. Diese „gemischte Gesellschaft" stellte sich allerdings als geeignetes Betätigungsfeld für die jungen Antifaschisten heraus. Neue Kontakte wurden geknüpft, bestehende vertieft. Die gemeinsamen Erlebnisse der Reise und der Aufführungen durften trotzdem nicht dazu verleiten, unvorsichtig zu sein. Es schien, als würde man sich gegenseitig abtasten. Elfriede Neuhold lernte auf dieser Fahrt ihren späteren Ehemann, Alois Geschwinder, besser kennen. Richard Zach hatte ihr bereits vorgeschwärmt, daß Alois Geschwinder viele gute Bücher hätte, und daß man sich schon deswegen mit ihm befreunden solle. Unterwegs erwarb Alois Geschwinder eine Schrift Ilja Ehrenburgs über den spanischen Bürgerkrieg mit dem Titel „No pasaran!". Das Buch wurde herumgereicht, gelesen und diskutiert. Alois Geschwinder zeigte es auch

Richard Zach: „Und nachher haben wir auch zu reden begonnen darüber, etwas deutlicher und etwas klarer und weniger mißtrauisch", erzählt Alois Geschwinder.[42]

Die vier Wochen waren sichtlich dazu angetan, Freundschaften zu festigen und sich auch politisch näher zu kommen. Ein wichtiges Ergebnis war der gemeinsame Beschluß, einen marxistischen Arbeiterkreis, AK genannt, zu gründen, der sich dann im Herbst 1937 konstituieren sollte und bis zum Einmarsch der Hitler-Truppen aktiv war. Für Elfriede Neuhold war die Reise auch ein persönlicher Erfolg: „Wie ich dann zurückgekommen bin, hat der Dolfi Strohmaier zu mir gesagt: ‚Ja, also ich habe einen guten Bericht über dich bekommen. Du kannst mitarbeiten bei uns'!" Die Spielfahrt stellte so auch eine bedeutende Voraussetzung für die weitere Arbeit der Gruppe und für deren Zusammensetzung dar. Nach und nach kristallisierte sich ein Kern von jungen antifaschistisch agierenden Kommunisten heraus, der auch im Widerstand gegen das nationalsozialistische Regime Bestand haben sollte. Neben Richard Zach waren dies Alois Geschwinder und eben Elfriede Neuhold. — „Wir waren wirklich eine autonome Gruppe von echten Antifaschisten, die sich spontan gebildet hat", wie es Alois Geschwinder ausdrückt.[43]

Die immer erst fragen

Die immer erst fragen,
ob es sich lohnt zu wagen —
traut ihnen nicht.
Hinter klug tuendem Schweigen
verbergen gerne die Feigen
ihr Gesicht.

Oder gar, die stets bedenken,
ob es nicht besser sei einzulenken —
die meidet.
Mit halben Schritten
wird kein Sieg erstritten,
nur der Kampf verleidet.

Dann jene, die jedesmal beteuern,
andere müßten die Welt erneuern,
von denen rückt ab.
Weil sie bloß so zappelig maulen,
um ungestört dahinzufaulen
auf fremder Hab.

Die aber, die nörgelnd beschwätzen,
da welche ihr Leben einsetzen —
die haßt.
Denn sie werden nach allen Taten
immer nur stabbrechend beraten
in ihrer Gedankenmast.

Fürchten alle zusammen
für ihre schlechten Namen
und Köpfe.
Wollen, ehe sie einen Finger rühren,
recht handgreiflichen Nutzen spüren —
eben Tröpfe.

Bildungsarbeit

Im Herbst 1937 wurde also jener marxistische Arbeitskreis gegründet, der natürlich geheim bleiben mußte. Als zentrale Aufgabe sah man das „Studium der Theorie und Praxis des wissenschaftlichen Sozialismus" an. Dazu mußte aber erst die entsprechende Literatur gefunden werden, um diese durch Lesen und Diskutieren im Rahmen von Schulungsabenden aufzubereiten. In öffentlichen Bibliotheken war da nichts zu finden, die waren „gesäubert", und auch die Büchereien der sozialdemokratischen Arbeiterbewegung waren seit 1934 aufgelöst. Das austrofaschistische Regime ließ fast keine Möglichkeiten offen, doch mit ein wenig Geschick konnten immer wieder Lücken gefunden werden. In der Perfektion des Systems hinkte der Ständestaat sicherlich dem Dritten Reich hinterher. Ein wichtiger Ausgangspunkt für die Literaturbeschaffung war wohl das eigene Elternhaus, sofern es der gewünschten politischen Richtung entsprach. Und dies traf, wie schon gezeigt, in den meisten Fällen zu. Der familiär-politische Hintergrund war zuerst fast durchwegs sozialdemokratisch und nach 1934 auch kommunistisch. Dabei wirkte sich natürlich auch die umfassende und einschlägige Kultur- und Bildungsarbeit der Sozialdemokratie in der Ersten Republik positiv aus. So war etwa Elfriede Neuhold schon „vom Emotionalen her sicher vorgeprägt", wie sie sagt, doch spielte etwas anderes mindestens eine ebenso wichtige Rolle: „Ich hab' viel gelesen als Kind, und ich hab' Literatur gehabt, was weiß ich: ‚Im Westen nichts Neues' oder ‚Die Armee hinter Stacheldraht', also ich war eine ausgesprochene Pazifistin, möchte ich sagen, dem Gefühl nach, und hab' auch Gorki gelesen usw." Die eigentliche marxistische Schulungslektüre hatten die jungen Leute, war sie nicht schon vorhanden, aber erst zu sichten. — Alois Geschwinder: „Unsere Theorie haben wir aus dem genommen, was uns an politischer Literatur zugänglich war."[44]

„Zugänglich" meint hier verschiedene Wege: teils wurde die Literatur wie das „Kommunistische Manifest" von Karl Marx und Friedrich Engels in einer alten Ausgabe „beim Fetzenmarkt" persönlich „ausfindig gemacht", wie Alois Geschwinder erzählt, teils wurden Schriften wie die Rede Georgi Dimitroffs auf dem VII. Kongreß der

Komintern verwendet, „wo wir selber nicht wußten, woher das genau gekommen ist". Die Bedingungen der Illegalität brachten ja mit sich, daß man nicht jeden und jede Verbindungslinie genau kannte. Fest steht jedenfalls, daß im kommunistischen Untergrund auch zentral Interesse daran bestand, bestimmte Literatur in Umlauf zu bringen. Erworben wurde von der Gruppe um Richard Zach auch „Lohn, Preis und Profit" von Karl Marx, die Stalinsche Schrift über die Nationalitätenfrage oder August Bebels „Die Frau und der Sozialismus". „Dann ist eine ‚Politische Ökonomie' gekommen von einem gewissen Segal", wie Alois Geschwinder weiter berichtet. Segal war in den dreißiger Jahren Professor am Marx-Engels-Institut in Moskau. Daneben gab es Abhandlungen zur „Rassenfrage" und zum Thema „Sexualität" aus marxistischer Sicht, die schon genannte Schrift Ilja Ehrenburgs über den spanischen Bürgerkrieg „No pasaran!", das Buch „Das proletarische Kind" von Otto F. Kanitz und anderes mehr. — „Und so haben wir unsere Literatur zusammengesucht und gefunden, zum Teil auch in alten sozialdemokratischen Beständen." Elfriede Neuhold, die im Anschluß an die Spielfahrt im Sommer 1937 beauftragt wurde, eine Mädchengruppe aufzubauen, erinnert sich noch, daß sie mit ihren weiblichen Bekannten „Die goldene Kette" von Upton Sinclair durchgearbeitet hat.[45]

Neben den theoretischen war offensichtlich eines der wichtigsten Themen der Schulungsabende die „aktuelle Lage". Im Zeichen von „Was geht gerade vor? Was ist los?" wurde dieser Teil von Bildungsarbeit nach einem relativ einfachen Schema organisiert. Der Kern der Gruppe bestand zu dieser Zeit aus etwa einem halben Dutzend Mädchen und Burschen: Richard Zach, Alois Geschwinder, Elfriede Neuhold, Emmerich Leskovar, Erika Paierl und die Cousine von Adolf Strohmaier, Hilde Krainer. Jedes Arbeitskreismitglied mußte sein Pensum lesen und an einem der Abende darüber referieren, anschließend fand eine gemeinsame Diskussion statt. Auf diese Weise konnte man die eigenen Einschätzungen überprüfen und zu einer kollektiven Meinungsbildung finden. Somit profitierte nicht nur der einzelne, sondern er wirkte zugleich auch als Korrektiv für die Gruppe. Die Diskussionen zur aktuellen Lage setzten natürlich entsprechende Informationen voraus. Und informieren konnte man sich, auch über das nationalsozialistische Deutschland, wenn man nicht nur offizielle oder offiziöse Schriften heranzog, wie Elfriede Neuhold bestätigt: „Mein Vater hat gesagt: ‚Hitler bedeutet Krieg!', und Hitler hat Krieg bedeutet, das war mir ganz klar. Und ich hab' das Buch gelesen über die ‚Moorsoldaten', das ‚Dachaubuch' — also ich hab' gewußt, daß es KZ gibt, ich hab' gewußt, daß die Juden verfolgt werden, und ich hab' gewußt, daß die Sozialisten und Kommunisten eingekerkert werden, das haben wir alles gewußt. Das Ausmaß haben wir nicht gewußt." In der austrofaschistischen Zeit praktizierte die Gruppe also vorwiegend Schulungsarbeit. Zur Tarnung benutzte man ab Herbst 1936 den Studentenarbeitsbund, der sich in der Regel im Gewerkschaftshaus in der Grazer Elisabethinerstraße versammeln konnte. Die Geheimtreffen fanden wöchentlich natürlich an abgelegenen Orten statt. Hierzu zählte der bereits genannte Treffpunkt an der Mauer des Grazer Judenfriedhofs oder später auch die Jöllerhube am Pfangberg bei Frohnleiten, ein leerstehender Bergbauernhof, der von Bekannten vermittelt wurde.[46]

Freilich gab es auch Treffpunkte, die — gerade während der nationalsozialistischen Herrschaft — je nach Maßgabe der äußeren Bedingungen vereinbart wurden und die dementsprechend oft auch sehr originell waren. So knüpfte man Jahre später, etwa Anfang 1940, Kontakt mit dem in einer Zelle der Schwanberger Gegend organisierten Franz Muhri. Muhri war zu dieser Zeit Oberbauarbeiter der Graz-Köflacher-Bahn und hielt die Verbindung der Zachschen Gruppen in die Weststeiermark aufrecht. „Wir arbeiteten sehr konspirativ", erzählt Franz Muhri, „trafen nur zu zweit oder zu dritt (mit einem Mädchen als Tarnung) zusammen. Auch nicht in der Wohnung, sondern im Wald, auf dem Friedhof, wo wir zum Schein Gräber besuchten, oder auf belebten Plätzen und Straßen in Graz. Bei jedem Treff wurde erst neu ausgemacht, wann, wo und wie die nächste Zusammenkunft stattfinden soll." Einmal als „Franz M." und ein andermal als „Franzl von Rechberg" wird Muhri in zwei später aus dem Gefängnis geschmuggelten Briefen Richard Zachs erwähnt. Er war einer der Schüler und Freunde Richard Zachs und Alois Geschwinders. Mit ihrer und der Hilfe anderer aus der Grazer Gruppe bekam Muhri praktisch seine „erste marxistische Schulung", erinnert er sich. Dazu wurde ihm vom jeweiligen Grazer Verbindungsmann ein maschingeschriebener Text zu einem bestimmten Thema übergeben, wie zum Beispiel „Die Entwicklung der menschlichen Gesellschaft", „Kapitalismus", „Imperialismus", „Nationale

Franz Muhri (Anfang der fünfziger Jahre).

Frage", „Frauenfrage" usw. Muhri hatte dieses Material zu studieren und bei der nächsten Zusammenkunft den wesentlichen Inhalt zu erzählen. Dabei sollte er auch angeben, wie er den jeweiligen Text aufgefaßt oder verstanden hat, der „Lehrer" antwortete, machte Ergänzungen und gab Erklärungen. Geschwinder gestaltete den Kontakt dermaßen, daß er sich außerhalb von Graz mit Muhri getroffen, „in den Kukuruz gesetzt" und dann gemeinsam mit ihm den „dialektischen Materialismus... studiert" hat, wie er erzählt. Zu Richard Zach weiß Muhri, daß er sich von diesem auf dem Grazer Zentralfriedhof einen „Vortrag über die geschichtliche Entwicklung von der Urgesellschaft bis zur Jetztzeit" halten ließ. — „Er machte auf mich einen ungeheuren Eindruck: Durch sein umfassendes Wissen, durch seine packende Art, durch die Verständlichkeit seiner Ausführungen, durch seine Überzeugungskraft, durch seine leidenschaftliche Begeisterung, die er ausstrahlte. Jede Zusammenkunft mit ihm war für mich ein riesiges, unvergeßliches Erlebnis." Und Muhri weiter: „Richard Zach war mein erster politischer Lehrer, der entscheidend dazu beitrug, daß ich aus dem ursprünglich gefühlsmäßigen zu einem bewußten Jungkommunisten wurde."[47]

Daß Richard Zach — ohne ihm hier mehr andichten zu wollen, als er war — zu allen Zeiten seines Lebens die ihn umgebenden Menschen, ja sogar seine nationalsozialistischen Richter, stark zu beeindrucken vermochte, geht vor allem aus Erzählungen der Überlebenden immer wieder hervor. Ob es stimmt, daß er akkurat „von 1937 an… überzeugter Kommunist" war, wie es in seiner Urteilsschrift heißt, ist im nachhinein sicherlich nicht mehr so genau festzustellen.

Entscheidender wird sein Bekenntnis gewesen sein, das ihn zu seinen Taten bewog und ihn in diesen bestärkte, und mit dem er auch seine Gefährten entsprechend zu motivieren verstand: „Er hat gesagt: ‚Weil ich ein Mensch bin, bin ich ein Kommunist. Ich kann gar nicht anders!' ", erzählt Alois Geschwinder. Franz Muhri berichtet, daß es Richard Zach „den jungen Arbeitern und Studenten (seiner Gruppe — Anm. d. Verf.) zur Pflicht (machte) zu lesen". Doch nicht in der Art des überheblichen Lehrers, der meint, selbst schon alles zu wissen. Richard Zach dürfte an sich selbst sehr hart gearbeitet haben. Sein Bruder Alfred erzählt, daß er ein „sehr konsequenter und selbstkritischer Mensch" war. Darauf weist auch eine Art Tagebuchaufzeichnung Richard Zachs hin, die bereits am 15. Februar 1935 entstanden ist. Darin schilt er sich selbst, weil er im Semesterzeugnis des II. Jahrganges der BLBA bei insgesamt 18 Gegenständen nur 13 Sehr gut erreicht hatte: „Meiner eigenen Ansicht nach könnte ich zwar 16 Sehr gut haben", vermerkte er dazu. Richard Zach schien von anderen nichts zu verlangen, was er zu erfüllen nicht selbst bereit war.[48]

Auch für ihn war Bildung Pflicht. Nur so konnte er sich durch das Studium vieler grundlegender Werke später mit Mitgefangenen, wie etwa in einem Brief eines unbekannten F. H. berichtet wird, tiefgreifend „über Wirtschaft und Geschichte, Erziehung und Kunst" unterhalten. Es ging also nicht nur um wissenschaftlichen Sozialismus, — „wir sprachen über Kant und Hegel, Goethe und Shakespeare". Dabei griff Richard Zach sicherlich auch auf das zurück, was ihm etwa als Dichtung durch den Kanon der Grazer BLBA der dreißiger Jahre bekannt geworden war und wovon er sprachlich stets für seine Dichtung zehrte.

Den Genossinnen

Wer euch beräuchert mit duftenden Dämpfen,
wer euch, Genossinnen, girrend verweist,
einzig mit liebelnden Lockungen speist,
lügt! Auch ihr müßt wagen und kämpfen!
Heuchelt! Auch ihr steht im Ringen der Welt!
Wißt: Ihr seid wie jeder bestellt,
voll zu erfüllen euere Pflicht,
klar zu enthüllen verschleierte Sicht,
gleich zu verlangen Recht und Gebühr,
ohne zu bangen, gläubig wie wir!

Laßt euer Tun nicht verschüchtert beschränken!
Laßt, Genossinnen, euer Müssen
nicht zerzweifeln von fraglichen Schlüssen!
Wenn sie die Väter und Brüder henken,
könnt ihr nicht zögernd suchen die Seiten!
Alle wollen wir Freiheit erstreiten!
Alle, die leiden unter der Last!
Nichts kann uns scheiden! Wir sind erfaßt
von e i n e m Streben! Genossinnen, zeigt
im Streben und Leben, daß ihr euch nie beugt!

Bleistiftskizze, BLBA, 2. Jahrgang (1935/36).

Hinzu kam natürlich alles an Lektüre Erreichbare, was die politischen Verhältnisse seiner Gegenwart aufzuhellen beabsichtigte. In jener tagebuchähnlichen Aufzeichnung aus dem Jahre 1935 berichtet Richard Zach beispielsweise von zwei Büchern, „Das Tagebuch des Schülers Kostja Rabziens" und „Schreib das auf, Kisch!", von denen vor allem das letztgenannte großen Eindruck auf ihn machte. „Er hat alles mögen, nur keine Faulenzer; er hat immer was tun müssen", erzählt Alois Geschwinder. Sein Bruder Alfred erinnert sich, „was er am wenigsten wollen hat, hat er zuerst gemacht". Als gewissenhafter Sohn der Familie und sehr begabter Schüler finanzierte Richard Zach seine Ausbildung an der Bundeslehrerbildungsanstalt mit, zum Beispiel durch Ferienarbeiten am Bau. Anhand solcher Schilderungen könnte man meinen, Richard Zach wäre ein für sein damaliges Alter unnatürlich ernster und in sich gekehrter junger Mensch gewesen. Nichts von alledem. Er war auch „ein lustiger, ein fröhlicher Mensch", der „gerne gesungen" hat — „fast jedes Wochenende im Kreise seiner Familie", wie Alfred Zach versichert. Er spielte Gitarre und Klavier und war „ein guter Zeichner". Und Elfriede Neuhold erinnert sich: „Für mich war der Richard Zach die allerinteressanteste und allereindrucksvollste junge Persönlichkeit, die ich kennengelernt habe. Das allererste, was ich von seinen Dichtwerken gehört habe, also was er mir vorgelesen hat, persönlich, war die ‚Februarballade'. Und da war ich zutiefst beeindruckt... Ich war zutiefst überzeugt, daß er ein talentierter, großartiger Mensch ist."[49]

Ich will kein romantischer Märtyrer sein

Ich habe — möge alle Welt es wissen —
gar kein Verlangen, Märtyrer zu sein.
Leicht kann ich solche Ehre missen,
die Dornen wir den Glorienschein.

Das sei kein Spott auf fromme Bibeln,
die Mut verleihen, Schirm und Schild,
nur — Pfaffen und Parteienfibeln —
ich tauge kaum zum Abziehbild.

Es hat für mich zu grelle Farben.
Der Balsam ist mit Trug vermischt.
Zu zahlreich sind die Ruhmesnarben
den braven Kindern aufgetischt.

Auch fehlten mir die großen Gesten,
das Pathos wie der Duldersinn.
Ich halte nichts von solchen Festen!
Ich bin nun einmal, wie ich bin.

Ach nein — nicht Angst vor diesem Leben —
die Achtung davor macht mich so.
Ich trotte auch nicht gern daneben,
nur mitten drinnen bin ich froh!

Der Weg ist klar! Ich will ihn bauen,
so lang ich kann, und keinem Knecht!
Geduld, ihr Freunde, senkt die Brauen.
Denn — trampelt Willkür frech mein Recht,

Mag Haus und Hof in Flammen stehen —
des Fronvogts Schergen grölen schlecht!
Mag manches gute Jahr vergehen —
einmal erzwinge ich mein Recht!

Und wenn die Häscher mich erwischen,
so kämpf' ich bis zum letzten Zug.
Und kann ich ihnen nur entwischen,
sei es mit ihrem eig'nen Trug,

ich werd' mich sicherlich beeilen.
Das Leben schlägt den besten Tod!
Mehr nützt ein tätiges Verweilen,
und warme Fäuste tuen not!

Läßt sich dagegen nichts verschieben —
vernehmt: Ich sterbe gar nicht gern
und wäre lieber hier geblieben! —
Doch feiges Jammern liegt mit fern.

Ich will dann still mein Los ertragen,
die gute Sache im Gesicht!
Ihr sollt es euren Söhnen sagen!
Nur — Märtyrermienen gebt mir nicht!

so greif' ich schweigend nach dem Schlegel
und biege bald die Sense g'rad.
Nicht lange saugt der giere Egel!
Das Unkraut dorrt nach jäher Mahd!

Jugendbetrachtungen

Richard Zach vermochte nicht nur seine Fähigkeiten im intimen Kreis seiner engsten Freunde und Gesinnungsgenossen zu entfalten und zu festigen. Sein vielfältiges Talent fiel ebenso in der Lehrerbildungsanstalt auf und sollte ihm auch in der nationalsozialistischen Zeit noch eine Weile zugute kommen. Insgesamt waren es fünf Jahre, eine Art Vorschulklasse miteingeschlossen, die man in die Ausbildung zum Lehrer zu investieren hatte. Da Richard Zach vergleichsweise eher großgewachsen war, saß er in seiner Klasse meist in den hinteren Reihen. Er entwickelte sich schnell zu einem ausgezeichneten Schüler, was der Notenkatalog der früheren Grazer Lehrerbildungsanstalt nach wie vor bestätigt. Durch seine schon früh ausgeprägte Persönlichkeit wurde er nicht nur im Kreis seiner Schulkollegen anerkannt, sondern auch bei den ihn unterrichtenden Professoren. Wie ein ehemaliger Schulkamerad, Franz Bruno Rop, berichtet, ist Richard Zach an der Anstalt nicht explizit politisch aufgetreten. Aufgefallen sei er aber durch seine Intelligenz und seine „große Reife". Das Klima an der Anstalt war eher liberal, und die Professoren der Klasse waren anscheinend wirklich bemüht, nichts als die tatsächliche Leistung ihrer Schüler im Unterricht zu beurteilen. Trotzdem schien es zu gefährlich zu sein, ein politisch oppositionelles Engagement sichtbar werden zu lassen. Eine Möglichkeit, hier aber zumindest ansatzweise aufklärend zu wirken, konnten Fragen oder Beiträge sein, die sich scheinbar nur auf den Unterrichtsgegenstand bezogen. Und Richard Zach fiel auch, wie sich Rop erinnert, in diesem Sinne auf, nämlich durch ein für seine Lehrer „unangenehmes Hinterfragen". Wenn man so inhaltlich logischerweise bald an die Grenzen des Möglichen stoßen mußte, war da noch die Form, in der man sich versuchen konnte. Richard Zach versuchte sich, und er schien bald eine wahre Meisterschaft darin zu entwickeln, etwa Deutschschularbeiten im Handumdrehen in Versform niederzuschreiben.[50]

Freilich steckte bei ihm mehr dahinter, als in einem so offiziösen Rahmen zutage treten konnte. Der Trotz gegen Formen dürfte für Richard Zach zugleich ein Aufstand gegen gesellschaftliche Normen gewesen sein — entsprechend der Titel eines Gedichts, „Aufstand!", vom 20. März 1936, dessen erste Strophe lautet:

Schafft mir die Normen aus dem Weg!
Papierverstaubter Druck vertrockneter Gehirne.
Ich lass' mich nicht in Paragrafen schließen
und mit Geboten mich erschießen,
die Menschlichkeit erniedrigen zur Dirne.
Schafft mit die Normen aus dem Weg![51]

Seine Mitschüler waren beeindruckt von ihrem unkonventionellen jungen Kollegen, und einige sammelten sich um ihn. Rop erzählt, daß Richard Zach auch in diesem Kreis als Leiter oder „Führer" einer Gruppe gesehen und anerkannt wurde. Er rief sie ins Leben, war ihr Motor und regte den Gedankenaustausch an. Allein aus seiner Jahrgangsklasse konnte Richard Zach acht Kollegen für die Mitarbeit im Jungfreiheitsbund beziehungsweise Studentenarbeitsbund gewinnen: Albrecht, Wilhelm Binder, Anton Jost, Georg Pirzl, Franz Bruno Rop, Richard Scherzer, Seidnitzer und Klobasser. Dazu kamen Kollegen anderer Jahrgänge, unter anderem Leopold Regner. Natürlich handelte es sich dabei um ein politisch buntes Spektrum. Bis auf Ausnahmen konnten diese jungen Leute zusammen mit anderen in der Folge auch gewissermaßen nur die äußere Schicht einer konspirativen Gruppe Richard Zach bilden. Allerdings gab es auch hier eine gemeinsame allgemein-politische Grundlage: die Ablehnung jeder faschistischen Diktatur.[52]

Mit dem Faschismus wurde auch der Krieg als Mittel der Politik abgelehnt. Es existieren noch die handschriftlichen Unterlagen zu einem Vortrag Richard Zachs vom 17. Jänner 1936 mit dem Titel „So heißt also Krieg..." Von den Schrecken des ersten Weltkriegs ausgehend, werden darin ganz allgemein die Art und Weise sowie die Folgen der modernen Kriegsführung referiert. Anhand von Beispielen zur Ideologie und Politik des faschistischen Italien und Hitler-Deutschlands versucht Richard Zach, Kontinuitäten zur Situation vor und nach 1914 aufzuzeigen. Als verbindendes Element zwischen den Verursachern des ersten Weltkriegs und den Kriegstreibern der dreißiger Jahre erkennt er die Frage der Neuaufteilung, wobei für ihn die größte Gefahr vom hochrüstenden Nationalsozialismus ausging. Bemerkenswert ist die Beziehung, die der Sechzehnjährige diesbezüglich zu seinem

Heimatland sieht: „Jedenfalls ist es sicher, daß Hitler, der die ganzen Devisen für die Wiederaufrüstung ausgegeben hat, sein ‚Abessinien' sucht. Ob es nun die Ukraine, die baltischen Staaten oder Österreich ist, ist vorläufig noch nicht entschieden. Man täusche sich nicht, wenn Berlin aus naheliegenden außenpolitischen Gründen Österreich scheinbar vergißt." Fast programmatisch mutet Richard Zachs frühe Schlußfolgerung an, die sich vor 1938 tatsächlich im Zusammengehen von Teilen der illegalen Linksopposition mit patriotisch gesinnten Regierungskräften niederschlug: „Deshalb gilt es, mit allen Mitteln

Erste Seite des Vortragsmanuskripts.

Friedensbestrebungen zu unterstützen, um Österreich vor der Gleichschaltung, vor den Schrecken einer Nazidiktatur zu bewahren."[53]

Nach und nach fanden sich weitere gemeinsame Ansätze, die miteinander verwoben wurden und vor allem im Kern der Gruppe am klarsten zum Tragen kamen. Eine große Rolle spielte dabei die kulturelle Tradition der Sozialdemokratie der Ersten Republik, die bei den meisten noch stark verwurzelt war. „Meine Grundlage", erzählt Alfred Steinbauer, „war: Alkohol, Nikotin, Krieg. Von den Sachen war ich nicht wegzubringen, das ist mir als junger Mensch so eingeimpft worden." Vor allem hieß es: „Lernen, Lernen." Bewußt oder unbewußt knüpfte man damit an die sozialdemokratische Konzeption einer proletarischen Gegenkultur an. Die bürgerliche „Hochkultur" sollte in den Besitz der Arbeiterschaft übergehen, das Proletariat sich als Erbe der europäischen Kulturtradition verstehen. In einem Aufsatz zur „Arbeiterkultur in Österreich" aus dem Jahre 1979 von Dieter Langewiesche heißt es: „Der sozialistische Arbeiter sollte ... nicht Unterhaltungsliteratur lesen, sondern gesellschaftskritische Werke, zumindest aber gesellschaftskritische Belletristik, er sollte in sozialistischen Sportvereinen seinen Körper für den Dienst an der Arbeiterbewegung ‚stählen'". In diesem Sinne verschmolz die Freizeitgestaltung mit der politischen Arbeit auch in der Gruppe Richard Zachs. Man rauchte nicht, trank nicht — wofür oftmals ebenso einschlägig negative Erfahrungen in Arbeiterfamilienkreisen ausschlaggebend waren. Die Sprechchöre, die Richard Zach etwa mit Bewohnern eines Obdachlosenasyls einübte, lassen sich ebenfalls in diese Tradition zurückverfolgen wie das Bemühen um den eigenen Körper und die äußere Erscheinung des einzelnen. Es wurde Sport getrieben und das Haar kurz getragen.[54]

Einen bestimmten Stellenwert hatte auch die sozialdemokratische Vision des „Neuen Menschen". Max Adler kannte man zwar, nur wenige aber hatten ihn wirklich gelesen. So entsprang dieses Zukunftsbild wohl auch der entsprechenden Literatur, seinen festen Platz aber bekam es in einer sich zunehmend festigenden marxistischen Weltanschauung. Es scheint nur allzu natürlich zu sein, daß jene Vorstellung von einem „neuen Menschen" gerade unter Bedingungen wie denen des austrofaschistischen Regimes aufrichtige junge Leute allein schon gefühlsmäßig ansprechen mußte. Die äußeren Kriterien, sich von einer gefühlskalten sozialhierarchisch streng gegliederten Umwelt abzugrenzen, schienen klar zu sein. Beinhalteten sie doch auch „das Ziel einer neuen, vom ‚bürgerlichen' Modediktat nicht mehr bestimmten ‚proletarischen' Kleidung, neuer Formen der Kindererziehung, des Familienlebens und der Freizeitgestaltung", wie es in oben angeführtem Aufsatz weiter heißt, und mit dem „Neuen Menschen" insgesamt letztlich auch das „Endprodukt eines Prozesses der ‚Humanisierung und Kultivierung, ja gar Moralisierung der Gesellschaft selbst'". „Wir waren damals der tiefsten Überzeugung", erinnert sich Elfriede Geschwinder, „daß wir zueinander wahr sein müssen, daß wir alle Höflichkeitsfloskeln, diese unechten, weglassen. Wir haben ‚bitte' und ‚danke' abgeschafft, und das ist sogar so weit gegangen, daß sogar Worte umgemünzt wurden." In Sankt Martin fand 1937 einmal eine Gemeinschaftstagung des Studentenarbeitsbundes statt, auf der auch über die Vision vom „Neuen Menschen" diskutiert wurde. Der Kern der Zachschen Gruppe war diesbezüglich geteilter Meinung. Elfriede Geschwinder hat das damals „sehr, sehr ernst genommen". — „Wie wir da ums Feuer gestanden sind und uns die Hände gedrückt haben — wir werden uns ändern und uns bessern und einen ‚neuen Menschen' schaffen, mit dem man dann eine neue Gesellschaft aufbaut — ich hab' das alles wörtlich genommen." Für andere war so etwas, wie sie erzählt, bereits zu dieser Zeit „ein Geistertanz". Alois Geschwinder etwa konnte darüber nur mehr lachen. Für ihn, Richard Zach oder gar Adolf Strohmaier schien es wichtiger zu sein, sich konkret auf die gegenwärtigen Verhältnisse zu konzentrieren und diesen so effektiv wie möglich zu begegnen.[55]

Interessanterweise wurde den jungen Leuten im Studentenarbeitsbund offiziellerseits eine Person als Leitung und Kontrolle vorgesetzt, die selbst wohl nicht im Traum an eine Revolutionierung des Gesellschaftssystems dachte. Es handelte sich dabei um einen Theologen, Universitätsprofessor Johann Dinawitzer. Dieser schien sich „als Vater" zu fühlen, wie es Alfred Steinbauer ausdrückt, „der seine Schäfchen betreut und schaut, ob sie am richtigen Weg sind".[56] Mit diesem wurde im Rahmen der wöchentlichen Zusammenkünfte diskutiert, in erster Linie über die „päpstlichen Denkschriften", wie Adolf Strohmaier schreibt. Man ließ sich solche Themen aber nicht nur vortragen, sondern benutzte, wie Alois Geschwinder und Richard Zach, die Gelegenheit, etwa Grundaussagen der „Quadragesimo anno"

Spruch!

Mensch sein ist Suchen.
In sich selbst,
in den anderen.
So wird Mensch sein Verstehen.
In den andern,
in sich selbst.

Und das Verstehen bedingt das Erkennen.
Mensch sein ist Suchen nach schärfster Klarheit.
So wird das Endziel sein:
Keine Unklarheit,
klares Erkennen in sich. Folgerichtiges Handeln.
Klarer fühlen.
Den Mut haben, unter allen Bedingungen dafür einzustehen.

Denn als sie
ein Wesen bauten und es „Gott" nannten,
wollten sie bloß Klarheit
geben ihrer Unklarheit.

kritisch zu hinterfragen. Politisch indifferente junge Leute konnten so womöglich ein wenig wachgerüttelt werden. Für Adolf Strohmaier boten solche Diskussionen zugleich die Grundlage, „die Sprache der Vaterländischen" zu lernen. Denn die Zeit kam langsam näher, in der ein Zusammengehen mit patriotisch gesinnten Kräften des Regimes gegen die Vereinnahmungspolitik Hitlers aktuell wurde.[57]

Der Studentenarbeitsbund (Stab) war bis in den März 1938 die offiziöse und legale Hülle für die Arbeit der Gruppe um Richard Zach und damit für dessen marxistischen Arbeitskreis. Zum Stab zählten neben den oben schon angeführten Schulkollegen Richard Zachs und den Mitgliedern seines Schulungskreises ab Herbst 1937 auch Alfred Steinbauer, der nach seiner Enthaftung über Adolf Strohmaier dazugestoßen ist, Adolf Strohmaier selbst, zwei werdende Lehrerinnen, Hilde und Erika Hofer, „Friedl", wie die Freundin Richard Zachs, Friederike Szakowitsch, genannt wurde, Rudolf und Erich Neubauer und viele andere. Ebenso dabei war Toni Gölles, der Schwager Richard Zachs, der gewissermaßen als „technischer Leiter" galt. Diese Funktion ist auf Differenzen, vor allem politischer Natur, zurückzuführen, die während der Spielfahrt im Sommer 1937 zutage getreten sind. Toni Gölles fühlte sich im Unterschied zu den Leuten um Richard Zach zur bürgerlich-demokratischen Richtung in der Jugend hingezogen. Der weiterhin anerkannte „Kopf" auch dieser „gemischten Gesellschaft" war, wie erzählt wird, Richard Zach. Der Kontakt Richard Zachs zu seinem Bruder Alfred in dieser Zeit hielt sich in Grenzen. Dabei wirkte sich, wie erwähnt, vermutlich das frühe Auseinandergehen nach dem Tod der Mutter genauso aus wie die Heirat Alfred Zachs mit Grete Gölles. Es betraf vor allem einen Teil der Freizeitgestaltung, in dem die beiden Brüder zusammenfanden. Gemeinsam mit Alfred Zachs Frau Grete und der Freundin des jüngeren Bruders, Friedl, wurden Badeausflüge oder lange Radtouren unternommen.[58]

Zu einer Radwanderung im Frühjahr 1938 existiert noch ein mit viel Kreativität gestaltetes Fotoalbum Richard Zachs, in dem diese Reise hauptsächlich in Versform beschrieben ist. „Die Fahrt" ist der Titel dieses Albums. Was sich hier offenbar nur auf die tatsächliche Ausflugsfahrt mit dem Rad zu beziehen scheint, erfährt im Zusammenhang mit anderen Aufzeichnungen Richard Zachs eine allgemeinere Bedeutung. Während der meisten Fahrten, ob bei früheren Radwande-

Oben: Radwanderung im Frühjahr 1938 (nach dem März). Richard Zach, Grete Zach geborene Gölles, Friederike Szakowitsch (Fotograf: Alfred Zach) — Steirisches Salzkammergut bei Mitterndorf (Tauplitzalm). Im Hintergrund der Grimming.

Unten: Auf der Rückfahrt von einem Badeausflug im Sommer 1938. Im Hintergrund die Kirche von Sankt Marein.

rungen oder auch zur Zeit der Spielfahrt, hielt Richard Zach das von ihm Erlebte und Neuentdeckte fest, meist in Versform. Er versuchte, wie in seiner Heimatstadt Graz und deren Umgebung, die Menschen anderer Gegenden zu beschreiben, und auch ansatzweise die gesellschaftlichen Verhältnisse, die sie prägten. Dazu kamen die Schilderungen der Natur, ihrer vielfältigen Erscheinungen und ihrer Entwicklung. „Es ist ein Wunder, wenn ein Baum blüht", beginnt etwa ein Gedicht vom 25. Juni 1937. In der Dichtheit ihrer Wechselwirkung verflochten sich für Richard Zach Natur, Mensch und Gesellschaft zu einer Einheit: zum Leben.

Einen Großteil seiner Aufzeichnungen aus der Zeit zwischen 1933 und 1938 nahm Richard Zach in seine Hausarbeit auf. Der bereits angedeuteten Originalität seiner Deutschschularbeiten nach war es auch nur konsequent, daß sich diese Arbeit aus unterschiedlichsten literarischen Formen zusammensetzt. Reiseberichte etwa werden abgelöst von kurzen Erzählungen, die auf Grund von Zeitungsmeldungen entstanden sind, und immer wieder dazwischen Gedichte oder Gedichtzyklen. Das Verbindende der vielen, vordergründig gänzlich verschiedenen Inhalte drückte Richard Zach im Titel der Hausarbeit aus: „Die Straße". Ordnet man nun hier „Die Fahrt" ein oder auch Gedichte, die kurz vor oder auch während der nationalsozialistischen Haft entstanden sind, etwa „Die Wegesucher", so erkennt man den tieferen Sinn solcher Bezeichnungen. Insgesamt beinhalten sie eine gewisse Dynamik und passen eigentlich ganz gut zu den Schilderungen der Freunde über Richard Zach: „Er hat immer was tun müssen." Auch die Arbeit der Zachschen Genossen, die Schulungs- und Bildungsarbeit, und der Streit für eine menschenwürdige Gesellschaft, für die „neue Zeit", also das Zusammenspiel von Aktivität und Entwicklung, haben damit zu tun. Für Richard Zach war es somit nicht irgendeine „Fahrt" oder eine „Straße". Es ist offensichtlich die Straße des Lebens, die hier gemeint ist, das mühsame Aufwärtsstreben des einzelnen Menschen und der gesamten Menschheit, der „Weg zum Licht". Und Richard Zach läßt auch nie offen, welche gesellschaftliche Kraft für ihn dazu berufen ist, diesen Weg zu gehen, voranzutreiben: Es ist die politisch bewußte Arbeiterschaft. Wenn dabei einzelne, in der Tradition der Arbeiterliteratur zu sehende Gedichte unverhüllt auch in seiner Hausarbeit verwendet werden konnten, so liegt das vermutlich daran, daß die austrofaschistischen Behörden darin enthaltene Angriffe gegen den Kapitalismus nicht verbieten konnten, „verstand sich das Regime doch selbst als Überwinder liberalistischer Ausbeutung". — So schätzt das heute Horst Jarka für Jura Soyfer ein.[59] Womöglich traf diese Toleranz aber auch mit der Erkenntnis von Regierungskräften zusammen, daß nämlich ohne die Einbindung der illegalen Arbeiterbewegung schon der Versuch, den Hitler-Faschismus abzuwehren, fehlschlagen müsse. Dementsprechend sollte sie eingebunden werden — allerdings zu spät, wie man heute weiß.

1. Mai!

Brüder, hebt die Fahnen höher,
hoch!
Mit uns ruhen die Maschinen,
mit uns stehen die Turbinen.
Keine Hämmer klirren,
keine Räder schwirren,
keine Krane knicken.
Sonne scheint in die Fabriken.
Niemals tragen wir ein Joch.
Denn wir sind der Ernte Mäher!

Brüder, streckt die Arme weiter,
weit.
Alle Wege, alle Straßen,
selbst die Welt laßt uns erfassen.
Jedes Herz ganz offen.
Keiner sei betroffen.
Niemand heute Ringer.
Jetzt sind wir des Werks Vollbringer.
Jetzt gezeigt die junge Zeit.
Denn wir sind die Wegbereiter.

Brüder, reißt die Körper straffer
zu dem heil'gen Dienst, zum Werken.
Heute soll die Welt es merken:

Wir sind ihre Weiterschaffer,
noch!
Denn sie pulst nach unserm Leben.
Laßt die Blicke froher heben.
Wir sind ihrer Ernte Mäher!
Brüder, hebt die Fahnen höher!
Höher, hoch!

Bleistiftskizze, vor 1938.

Zwischen den Faschismen

In den letzten Monaten vor dem Einmarsch der Hitler-Truppen in Österreich begann ein Teil der Gruppe in der schon im März 1935 vom austrofaschistischen Regime gegründeten „Sozialen Arbeitsgemeinschaft" (SAG) unter der Losung mitzuarbeiten: „Gemeinsam, wenn auch nicht gerne, mit unserer Regierung gegen den Anschluß an Deutschland." Innerhalb der SAG, die kurz vor dem März 1938 noch ein wesentlicher Faktor des Kontakts zwischen Regierung und oppositioneller Arbeiterbewegung war, wurden unter diesem Motto „Versammlung und Demonstrationen" vorbereitet. „Unsere Demonstrationen sammelten viel Volk", weiß Adolf Strohmeier noch.[60]

Strohmaier, der seit Herbst 1937 ohne Arbeit war, nahm auf Drängen seines Vaters Verbindung mit dem steirischen Landesleiter der „Vaterländischen Front", Dr. Alfons Gorbach, auf. Für wenigstens „fünf Schilling am Tag" wollte er „beim Arbeitsdienst arbeiten". Gorbach verwies ihn an Dr. Franz Nemschak, damals Bezirkssekretär der Grazer SAG, der ihm die Mitarbeit ermöglichte. Strohmaier war bis zum letzten Abend im SAG-Büro in der Elisabethinergasse tätig; er erinnert sich: „Die Schar der verläßlichen Schwarzen wurde immer kleiner, dafür kamen die ‚Staatsfeinde' aus den Gefängnissen, der Illegalität und Isolierung, um dieses Österreich zu schützen." Und: „Je größer der Druck von Nazideutschland wurde, desto weniger sah man die ‚Vaterländischen', desto mehr wurden die ‚Roten'." Die SAG sollte das offizielle Gegenstück zum „Volkspolitischen Referat" der Nazis darstellen. „Indem er beide in die ‚Vaterländische Front' hineinnahm", hoffte Schuschnigg, wie Alois Geschwinder erzählt, „auf beiden Pferden zu reiten" und damit Österreich zu retten. „Aber der hat ja auch nur an den zweiten deutschen Staat geglaubt." Die jungen Leute um Richard Zach glaubten offensichtlich nicht mehr an Österreich als dem „zweiten deutschen Staat", sondern an dessen Unabhängigkeit und Eigenstaatlichkeit. Vom Studentenarbeitsbund aus mischten sie kräftig mit — „es ging ja um unser Österreich", schreibt Strohmaier. Die von ihnen organisierten Versammlungen und Besprechungen waren so gut besucht, daß man für eine proösterreichische Volksabstimmung nur optimistisch sein konnte. Adolf Strohmaier glaubt: „Eine Volksabstimmung hätten wir mit 60 bis 70 Prozent gewonnen, die in Berlin spürten das." Kurz vor dem Einmarsch der Hitler-Truppen wurde sogar noch versucht, eine SAG-Jugend ins Leben zu rufen. Daraus wurde allerdings nichts mehr, „die Zeit war wohl zu kurz", wie Strohmaier heute meint.[61]

Für Alois Geschwinder hat das „damals eine Zeit lange so ausgeschaut, als ob wir die Gewerkschaftsführungen, die Gewerkschaft, die Turnvereine — alles wieder reaktivieren könnten". Richard Zach selbst schien sich nicht allzusehr im Rahmen der SAG zu engagieren. Für ihn war es vermutlich mehr die Arbeit im Studentenarbeitsbund, die es voranzutreiben galt. Ganz anders etwa bei Alfred Steinbauer, der eigentlich aus seiner aktiven KJV-Zeit bis 1937 noch öffentliche Aktionen gewohnt war. „Wir sind dann in die SAG hineingegangen und haben dort Aktivitäten hingelegt", erzählt Steinbauer, „wir haben Nazifahnen entfernt, haben einmal so ein SA-Lokal ausgeräumt, und nach getaner Arbeit hat man uns einen Kaffee gezahlt und ein Kipferl in der Annenstraße, in der Nähe vom Rosegger-Haus." Oder es wurden „von Autos aus, von Lkw" Flugschriften gestreut. Im Gewerkschaftshaus der christlichen Arbeiterbewegung wurde abwechselnd von einigen einmal pro Woche freiwillig Dienst gemacht. So hatte man auch nachts sogenannte Einsatzkommandos für den Fall, „wenn irgendwo was sein sollte". Einen wichtigen Stellenwert nahm eine andere Tätigkeit im Rahmen der SAG ein. Von den jungen Leuten wurden Gruppen gebildet, die einen mehr oder weniger reibungslosen Ablauf von Veranstaltungen politisch Andersgesinnter gewährleisten sollten. So kam es kurioserweise auch dazu, daß für Monarchistenversammlungen, etwa im Arbeiterkammersaal, ein Versammlungsschutz zur Verfügung gestellt wurde. Dabei waren tätliche Auseinandersetzungen mit Nationalsozialisten oft unvermeidlich. Die einheimischen Nazis wurden immer frecher und sahen sich offenbar schon früh gestärkt genug, in der „Stadt der Volkserhebung" durch öffentliche Auftritte zu provozieren und Versammlungen zu stören. Also wurde bei entsprechenden Zusammenkünften auch „ein bisserl umeinandergerauft", wie es Alfred Steinbauer ausdrückt. Manchmal kam zu solchen Zwischenfällen die Polizei dazu und trieb die Nazis aus dem Gebäude hinaus. Die „Vaterländische Front" hatte eine Art Gegenstück zur SA aufgestellt, das Schutzkorps (SK), das ebenfalls mit schwarzer Kleidung und Stiefeln ausgestattet war. Einmal, als es wieder zu Tumulten während einer Versammlung kam, wurden die Hinausgetriebenen vor dem Eingang von einem Großaufgebot SK-Leute empfangen. „Die sind gestanden, eingehakt", berichtet Alfred Steinbauer, „und haben alle, die rausgekommen sind, getreten. Im Kreis ist man da geflogen. Und da mußten wir immer schreien, daß wir nicht dazugehören, daß wir von der SAG sind."[62]

Einen anderen Zugang fand Elfriede Neuhold. Für sie war es einmal der Studentenarbeitsbund, durch den sie zur Mitarbeit in der SAG veranlaßt wurde. Zusätzlich bewog sie ihr Vater, Josef Neuhold. Mit ihm wurden viele der sogenannten „alten" Kommunisten in dieser Richtung aktiv, und durch sie kam ein weiteres Argument hinzu. Den Kommunisten zufolge ging es nicht nur „um unser Österreich", es war auch die größere Gefahr des Hitler-Faschismus, die es abzuwehren galt und vor der sie schon Anfang der dreißiger Jahre inständig warnten. Die Geschichte sollte ihnen blutig recht geben. Zum Kreis der erfahre-

Österreichischer Arbeiterschachbund, Gruppe Graz-Leonhard. Rechts außen sitzend: Josef Neuhold; dritter von links sitzend: der spätere Grazer Bürgermeister (nach 1945) Josef Scherbaum.

nen illegalen Kommunisten, die in der SAG mitarbeiteten, gehörte auch Diplomingenieur Herbert Eichholzer. Eichholzer emigrierte noch 1938 zuerst nach Paris und dann nach Istanbul. Seine Rückkehr Ende April 1940 hängt mit dem Beginn einer verhängnisvollen Entwicklung sowohl für die „Alten" als auch für die jungen Antifaschisten um Richard Zach zusammen. Mit Eichholzer machte Elfriede Neuhold zum ersten Mal in der SAG Bekanntschaft. Auch sie arbeitete buchstäblich bis zum Schluß in der SAG mit: „Ich hab' zum Beispiel am letzten Abend noch ein Sitzungsprotokoll geschrieben — das hat bis 24 Uhr oder so gedauert, die Sitzung und alles mitstenographiert —, was ich dann schnell zerrissen habe."[63]

Solche Vorsichtsmaßnahmen waren meist lebensnotwendig, wie sich immer wieder zeigen sollte. Nicht nur die älteren KPÖ-Mitglieder oder die KJVler, auch die jungen Leute um Richard Zach waren sich dessen bewußt, was mit dem Einmarsch der Hitler-Truppen in Österreich auf sie zukam. Den Informationen aus dem „Altreich" Deutschland war zu entnehmen, daß damit die Installierung eines wesentlich brutaleren Regimes einherging, das auch die Opposition im Untergrund „gründlicher" zu bekämpfen verstand. Es sollte aber noch schlimmer kommen als erahnt. Der Übergang vom austrofaschistischen „Ständestaat" Österreich in die nationalsozialistische „Ostmark" war kein nahtloser — auch nicht für jene, die in den vergangenen vier Jahren illegaler politischer Arbeit entsprechende Erfahrungen sammeln konnten. Obwohl es für sie keine eigentliche Zäsur darstellte, handelte es sich doch um eine Steigerung der repressiven Bedingungen der antifaschistischen Arbeit. Das Bild war im März 1938 offensichtlich für viele das gleiche: „Deutsche Wehrmacht, Bayrischer Hilfszug, Verhaftungen, Jubel und viel Sieg Heil, Verzweiflung, Angst, Flucht ins Ausland, Beschlagnahme", wie es Adolf Strohmaier beschreibt, und: „Viele können sich nur sehr schwer oder überhaupt nicht zurechtfinden." Strohmaier selbst etwa hielt sich drei Tage lang bei einem Onkel auf und kehrte, nachdem die Gestapo offenbar nicht um ihn angefragt hatte, nach Hause zurück.[64]

Nach dem Einmarsch wurde einerseits der Aufbau antifaschistischer Gruppen in Graz und in der Steiermark vorangetrieben, andererseits wurden noch strengere Vorsichtsmaßnahmen getroffen. In dieser Hinsicht waren die jungen Antifaschisten um Richard Zach anschei-

Bleistiftskizze, vor 1938.

Und wenn die Masse Sturmbock ist

Und wenn die Masse Sturmbock ist —
nun gut! — Aber nicht für euch.
Ihr nanntet sie doch immer Mist,
und ihr Geschick war euch gleich.

Ihr hießet sie doch Pöbel, Mob,
befahlt: „Die Zügel dem Tier."
Ihr lachtet, wenn sie sich erhob:
„Hotto — der farbwilde Stier."

Ihr habt bis heute dran gedacht,
die Wand zwischen Massenstall
und der von euch errafften Pracht
zu festigen wie einen Wall.

Nun ist euch wohl der Weg verrammt,
den euer Machthunger geht.
Und weil ihr immer die Masse nahmt,
wo ihr Gefährdungen seht.

Für Eigengut und Eigenblut,
so wechselt ihr plötzlich den Ton
und sprecht von Massensturmbockmut.
Seid ruhig. Wir kennen das schon.

Und wenn die Masse Sturmbock ist,
wohlan! Morgen stürmt sie vor,
Nur — daß ihr es schon heute wißt:
Sie bricht für sich selber ein Tor.

Und rennt die morschen Wände ein,
dahinter ihr euch versteckt.
Das wird ein böses Erwachen sein,
wenn der Sturmböck die Richtung entdeckt.

nend weniger belastet. „Wir haben uns gleich zurechtgefunden, und dann haben wir mit unserer Bildungsarbeit begonnen", wie Adolf Strohmaier schreibt. Und Elfriede Neuhold weiß noch: „Die Okkupation hat uns zusammengeschweißt und hat aber auch viele abfallen lassen." Der Spielraum für die illegale politische Arbeit wurde mit einem Schlage enger, und es scheint nur natürlich zu sein, daß es gerade in dieser Übergangsphase vom Austro- zum Hitler-Faschismus zu einer gewissen Fluktuation in der Mitgliedschaft bei den jungen Leuten kam. Manchen schien die weitere Mitwirkung zu gefährlich, und sie verließen die Gruppe. Andere wiederum mußten zur Deutschen Wehrmacht oder verschwanden und wurden nie mehr gesehen, darunter auch politisch sehr exponierte Mitstreiter. Der Beginn der Naziherrschaft war zugleich auch das Ende des Studentenarbeitsbunds, übrig blieb die Gruppe Richard Zach. Der Kreis um Richard Zach expandierte trotzdem allmählich um einen beständigen Kern herum, was dazu führte, daß er unterteilt werden mußte. Zum Prinzip der Gruppenbildung wurde, daß jede Zelle aus nicht mehr als drei Personen bestehen sollte, die so gut wie möglich nach Wohnbereich oder Bekanntschaft zusammengefaßt wurden. Jede Kleingruppe hatte eine Verbindungs- oder Vertrauensperson. Und nur diese sollten sich untereinander, als Kontaktnehmer zwischen den Kleingruppen, kennen und Informationen weitergeben. Das System der Dreierzellen entsprach damit durchaus der zentral betriebenen Organisation des illegalen KJV.[65]

Den harten Kern der Gruppe um Richard Zach bildeten im Jahre 1938 sein Freund und nachmaliger Zellennachbar Alois Geschwinder („Teddy") und eben dessen spätere Frau, Elfriede Neuhold („Frieda"). Weiters dabei war Alfred Steinbauer („Manni") und natürlich auch Adolf Strohmaier („Dolfi"). „Wir waren alle sehr jung, wir wollten uns nicht ergeben", schreibt Strohmaier, und: „Für mich war unser kleiner Kreis ein Zuhaus'." Die jungen Antifaschisten befolgten auch, so gut es ging, die frühe Warnung Adolf Strohmaiers vor jedem direkten Kontakt mit den „Alten". Und doch war, wie schon erwähnt, über Elfriede Neuhold auf verwandtschaftlichem Wege ein solcher Kontakt gegeben. Es blieb ja auch nicht bei der allein familären Verbindung zum Vater, Josef Neuhold. Mit diesem hatte man auch indirekt Verbindung zu weiteren bekannten, führenden KPÖ-Mitgliedern, etwa zum Schauspieler und Regisseur Karl Drews oder zum Archivar Dr. Franz Weiss. Trotz aller

Vorsichtsmaßnahmen mußte diese natürliche Beziehung das Augenmerk der Gestapo irgendwann auch auf die Personen um Elfriede Neuhold lenken. Beteuerungen wie: Man hätte „auch den Eltern nichts gesagt", konnten da nur ins Leere treffen.[66]

Weich fällt der Schnee

Weich fällt der Schnee,
und in Millionen Flocken.
So stirbt ein Heer von milden Duldern,
von stummen, ängstlich gleichen Schuldnern,
in jedem leichten Wind erschrocken.

Wer fällt zu schnell?
Wohl ein Rebell! —

Es tanze keiner aus der Reihe,
daß uns die Obrigkeit verzeihe!
Es tue jeder gut und brav
sein Teil zum großen Winterschlaf.
Und daß ihr still verreckt,
die Welt nur ja nicht weckt!

Sanft fällt der Schnee,
und ohne jeden Willen.
In allen diesen Winterzeiten
erfriere jedes böse Streiten,
und keiner wage es zu brüllen!

Nur leise, leis',
der Not zum Preis.

Bedenkt, ihr bringt den Gruß vom Himmel.
Und seid ihr auch nur feuchter Schimmel —
seht her! — so wird man zart und brav,
wie Wolle, die man schert vom Schaf.
In Dankbarkeit geläutert.
Wohl dem, der niemals meutert.

Weiß fällt der Schnee,
wie hungerfahle Wangen.
Ist Nacht und Tag vom Weiß durchwoben,
und immer noch kommt Schnee von oben.
Das Bahrtuch wird für viele langen.

Weiß ist der Tod.
Kein Brot! Kein Brot!

Habt keine Angst, wir fluchen nimmer
in uns'rem weißen Leichenschimmer.
Verklärt ist Dorf und Stadt und Land
vom Unschuldsweiß. Es droht kein Brand.
Geruhsam ist die Zeit
im weißen Totenkleid.

Matura an der BLBA Graz (Frühjahr 1938). Letzte Reihe, sechster von links: Richard Zach.

Faschismus bedeutet Krieg!

Im Frühjahr 1938 maturierte Richard Zach — mit Auszeichnung. Nachdem er im Anschluß an die Matura ab Juni an einer Grazer Volksschule kurz in seinem Beruf als Lehrer tätig gewesen war, rückte er im Herbst desselben Jahres freiwillig ein. Wie seine Freunde wollte auch Richard Zach den Militärdienst schnell hinter sich bringen. Gemeinsam mit einer großen Gruppe von Grazern und Tirolern wurde er am 2. November (die NS-Urteilsschrift spricht vom 29. November) in die Flak-Kaserne Linz-Wegscheid in Oberösterreich zur 4. Batterie des Flak-Regiments 38 eingezogen. Zu dieser Batterie gehörten zwölf Geschütze, eine Funkstaffel, eine Kraftfahrstaffel und eine Scheinwerferstaffel. Sie umfaßte insgesamt etwa 100 bis 120 junge Rekruten. Darunter war noch ein zweiter Junglehrer, Erich Rataj, der ebenfalls die Bundeslehrerbildungsanstalt in Graz besucht und zur selben Zeit wie Richard Zach maturiert hatte. Von einer Freundschaft zwischen den beiden ist nichts bekannt, doch dürfte Rataj aus der Zeit seiner

Richard Zach (1938/39).

Lehrerausbildung gewußt oder geahnt haben, daß Richard Zach anders als seine Kameraden einzuordnen ist. In seinem Umkreis soll Rataj angedeutet haben: „Paßt's auf, der hat eine Abhandlung geschrieben mit dem Titel ‚Die Straße'..." Mit der „Abhandlung" konnte nur Richard Zachs 227 Seiten starke Hausarbeit gemeint sein. Mehr schien Rataj über seinen Kollegen allerdings nicht zu wissen. Denn auch ehemalige Kameraden Ratajs, die jener auf Richard Zach aufmerksam gemacht hatte, wußten bis heute nicht, wen sie da in ihrer Batterie vor sich hatten.[67]

Nachträglich wird Richard Zach von solchen als „netter, ruhiger Mensch" beschrieben, der während der gemeinsamen Stationierung nicht explizit gegen das Regime aufgefallen war. Die Bedingungen des militärischen Drills dürften auch zu wenig an Gemeinsamkeit geschaffen haben, um diese in eine Atmosphäre des politischen Vertrauens überzuleiten. Zudem konnte schon jede geringe unvorsichtige politische Äußerung fatale Konsequenzen haben. Darauf war Richard Zachs Verhalten offensichtlich abgestimmt. Dennoch war er während seiner Dienstzeit bei der Deutschen Wehrmacht nicht untätig. Im Gegenteil. Richard Zach suchte und fand auch hier Gesinnungsfreunde. Seine

Bei der Deutschen Wehrmacht (1939/40). Links: Richard Zach.

Bereitstellung für den Überfall auf Polen (Ende August 1939).

bisherigen Verbindungen blieben erhalten und wurden sogar ausgebaut. In NS-Diktion „hat nicht einmal die Dienstzeit es vermocht, den Angeklagten zur Aufgabe seiner staatsfeindlichen Einstellung zu veranlassen". Doch vorerst hatte man ihn noch nicht durchschaut. Von seinem „Disziplinarvorgesetzten" wurde er als „strebsamer, diensteifriger Soldat mit guter Führung" bezeichnet, wie es in der NS-Urteilsschrift heißt, und zum Gefreiten befördert.[68]

Im Frühjahr 1939 wurde das 38er-Regiment für kurze Zeit in die teilweise bereits besetzte Tschechoslowakei geschickt, nach České Budějovice (Budweis) und Brno (Brünn), also in das sogenannte „Sudetenland". Nach einer kurzfristigen Überstellung zurück nach Linz-Wegscheid rückte es im Sommer desselben Jahres nach Stolpmünde (heute: Ustka, Polen) aus und kam Ende August wieder in die Linzer Kaserne zurück. Es begann die Bereitstellung für den nazistischen Überfall auf Polen. Der Krieg begann dann früher als erwartet mit dem 1. September 1939, und Richard Zach mußte als Kanonier und Chauffeur mit seinem Regiment — wie sein Bruder Alfred — am verheerenden „Polenfeldzug" der Nationalsozialisten teilnehmen. Im Jänner erreichte er eine Beurlaubung und kam nach Graz zurück. Er hatte genug. Seinen Freunden teilte er den festen Entschluß mit, „das erste und das letzte Mal ... einen Feldzug" mitgemacht zu haben, und versuchte, einen Skiunfall zu fingieren. Dieser brachte allerdings nicht das gewünschte Ergebnis. Also sollte ihm sein Bruder Alfred mit einem Nudelwalker das Schienbein abschlagen. Es kam zu einer schweren Verletzung des Schienbeins, und Richard Zach wurde ins Lazarett eingeliefert. Da er auch nach mehreren Wochen „den Stock nicht mehr ausgelassen hat", wie Alois Geschwinder erzählt, wurde Richard Zach von Neurologen untersucht, um zu überprüfen, ob der vorgeblich „tote" (verletzte) Körperteil tatsächlich unbeweglich blieb. Er blieb es. Zumindest vor den Augen der Ärzte, die Richard Zach bald als Psychopathen betrachteten. Diese Diagnose reichte offenbar aus und führte dazu, daß Richard Zach nach relativ langem Spitalaufenthalt mit 21. Jänner 1941 wegen „Dienstuntauglichkeit" aus der Wehrmacht entlassen wurde.[69]

Seinem Bruder Alfred gelang es nach dem „Polenfeldzug", sich durch zweimaliges Fingieren einer Krankheit zumindest dem Frontein-

1. September 1939: Grenzübertritt in Trstina (Fotos von Alfred Zach).

Die polnische Bevölkerung flieht.

Vom Sicherheitsdienst ermordete polnische Juden (von einem Kameraden Alfred Zachs fotografiert).

satz zu entziehen und nach einem kurzen Lazarettaufenthalt wieder — von April 1940 bis November 1941 — im Grazer Magistrat zu arbeiten. Richard Zach konnte ab 1. Februar wieder an der Grazer Hirtenschule in seinem Beruf als Lehrer arbeiten. — Mit Erfolg, wie Alois Geschwinder bestätigt: „Er war einfallsreich, er hat Schwung gehabt, er hat mit den Schülern keine Schwierigkeiten gehabt; sie waren recht begeistert von ihm."[70]

So gut es möglich war, traf sich die Gruppe. An öffentliche Aktionen war schon auf Grund der anfänglichen euphorischen Stimmung unter weiten Bevölkerungskreisen nicht zu denken. „Der erste Schritt oder der wichtigste Schritt", erzählt Alfred Steinbauer, „war eben die Schulung. Die Leute müssen ja wissen, um was es geht, was die Grundlage ist, die geistige Grundlage." Nach Steinbauers Erinnerung war Richard Zach selbst fest „überzeugt davon: Man muß zuerst einmal die Theorie beherrschen". Denn: „In der Euphorie des Nationalsozialismus 1938 wäre es vollkommen sinnlos gewesen, mit Flugschriften oder mit gestanztem Sichel und Hammer" an die Öffentlichkeit zu gehen.

Nach dem „Polenfeldzug" (1939/40). Richard und Alfred Zach.

Friederike Szakowitsch, Grete Zach geborene Gölles, Richard Zach.

Jänner/Februar 1940: der mißglückte fingierte Skiunfall.

Also wurde unter Einhaltung größter Vorsichtsmaßnahmen die Schulungsarbeit fortgesetzt. Ein geeigneter Ort mußte gefunden werden. Über das Gewerkschaftsheim in der Elisabethinerstraße konnte seit der Machtübernahme der Nazis natürlich nicht mehr verfügt werden. Die Gruppe hatte dennoch Glück im Unglück. Über Vermittlung von Hilde und Erika Hofer fand man einen leerstehenden Bergbauernhof am Pfangberg bei Frohnleiten. Dabei handelte es sich um eine Hube mit einem Wirtschafts- und einem Wohngebäude, die ein benachbarter Bauer im Zuge des Keuschlersterbens aufgekauft hatte, aber nicht benutzte. Für die jungen Leute war es die Jöllerhube, benannt nach dem etwa 500 Meter entfernt lebenden Besitzer. Paradoxerweise wurde dieses Gehöft einige Zeit vorher noch von illegalen Nationalsozialisten ebenfalls für Schulungszwecke verwendet. Übriggeblieben war aus dieser Zeit eine Reihe von Stockbetten, die von den jungen Antifaschisten gleich weiterbenutzt werden konnte. Das Wohngebäude befand sich in einem relativ guten baulichen Zustand, und es war mit Tisch und Schrank sogar zu einem Teil eingerichtet. Freilich wußte der Bauer in Wirklichkeit nicht, was sich hier abspielte. Es war fast keinem zu trauen. So mußte bei Abwesenheit auch die Schulungslektüre besonders verwahrt werden. Alfred Steinbauer erinnert sich an eine „Herrgottsecke", auf der man einen Totenschädel plazierte: „Dahinter ist ein Heiligenbild gestanden, und in dem Heiligenbild haben wir das ‚Kommunistische Manifest' versteckt gehabt."[71]

Waren keine Unterlagen in Buchform vorhanden, arbeitete man auch mit Schulungsbriefen, die oft selbst zusammengestellt wurden. Die Themen waren unterschiedlicher Natur, etwa „Religion: Wie stellen wir uns zur Religion und warum? Hintergrund, Grundlagen." Die

Richard Zach als „Psychopath" im Lazarett (Anfang 1940), neben ihm Friederike Szakowitsch.

Der Gruppentreff: die Jöllerhube am Pfangberg bei Frohnleiten (März 1940).

„Nationalitätenfrage" war ein weiteres Thema, an das sich Alfred Steinbauer „noch gut erinnern kann". Die Hauptsache war aber auch in der Zeit die „allgemeine Lage". Jeder hatte sich dazu einmal vorzubereiten und darüber zu diskutieren. — „Da haben vielleicht der Richard oder die Geschulteren entnehmen können, wie weit wir marxistisch denken können", meint Alfred Steinbauer heute. Wenn dann die ernste Arbeit beendet war, „hat der Richard zur Gitarre gegriffen, wir haben uns zusammengesetzt und haben gesungen: ‚Mit uns zieht die neue Zeit', dann Bert Brecht — ‚Dreigroschenoper', solche Sachen wurden dann gesungen." Alfred Steinbauer erinnert sich, daß bei derlei Zusammensein Richard Zach mitunter „sogar eine romantische Ader entwickelt" hat. Da verständlicherweise nicht alles in der Jöllerhube durchzuführen war, traf man einander auch an anderen Plätzen. „Und da haben wir eine Mondscheinwiese gehabt", berichtet Alfred Steinbauer, „das war eine Wiese, die hat tatsächlich, wenn der Mond gescheint hat, so silbrig geglänzt —, und dort haben wir uns auch dann am Abend getroffen, wenn's schon finster war." Dort wurde dann auch gesungen,

Alois Geschwinder
und Hans Deutschmann.

Alois Geschwinder; unten: Josef Red.

Josef Wochnar und Alois Geschwinder.

und: „Da hat uns dann mancher als romantische Gruppe angeschaut, wenn er das bemerkt hat. Und das war ja eigentlich auch eine gute Tarnung."[72]

Die Gruppe vergrößerte sich ständig. Schon in den Tagen der Okkupation Österreichs konnte Alfred Steinbauer einige seiner Göstinger Freunde auch zur Gruppe um Richard Zach gewinnen. Da war „vor allem der Deutschmann-Hans", bei dem einmal „vorgefühlt" wurde, „wie er jetzt politisch denkt — und er war noch immer Sozialist". Deutschmann war rasch zur Mitarbeit bereit und nahm gleich einen weiteren jungen Mann mit, den Steinbauer ebenfalls bereits aus seinem Wohnviertel gut kannte: den „aus tristesten Verhältnissen" stammenden Josef Red. „Ein ausgesprochen interessanter Mann war das", erzählt Alfred Steinbauer, „ein total zerrüttetes Leben, Alkohol und Ausschreitungen — fürchterlich. Und der ‚Stan', wie wir ihn genannt haben, hat sich herausgearbeitet." Josef Red verließ früh den elterlichen Kreis, begann, in den Puch-Werken zu arbeiten, schlief auch dort und versorgte sich selbst. „Der ‚Stan' hat einen Willen gehabt — er hat gelernt, gelernt, gelernt." Er „war so umsichtig und so zielbewußt" und „so ein korrekter und ehrlicher Mensch, also ein fantastischer Mensch". Steinbauer ist überzeugt: „Der hätte sich durchgebissen!" Steinbauer, Deutschmann und Red bildeten zusammen mit Franz Erwin und Karl Hödl eine eigene und starke Zelle, eben die „Göstinger" Gruppe.[73]

Ebenfalls den Zweck der Tarnung hatte, daß man wieder in legalen Organisationen Unterschlupf suchte. Die Tradition eines Aspektes illegaler Arbeit aus der Zeit des „Ständestaates" wurde somit fortgesetzt, und offenbar unabsichtlich entstand damit, neben der Formierung von Dreierzellen, eine weitere Parallelität zur Strategie des illegalen KJV. In den Puch-Werken gab es eine Werks-SA, in der für Josef Red schon fast automatisch eine Mitgliedschaft gegeben war. Alfred Steinbauer war ebenfalls kurz Mitglied der SA und wechselte dann über zum Reichskolonialbund. Die späteren Zellenangehörigen Hugo Graubner und Alois Kaindl wurden, weil sie Motorräder besaßen, in der Kraftfahrvereinigung NSKK untergebracht. Für Elfriede Neuhold bot sich der Bund Deutscher Mädchen (BDM) an. Ihr jüngerer Bruder Erich wurde gemeinsam mit dem Bruder der Cousine Strohmaiers, Bertl Krainer, und Strohmaiers eigenem Bruder Kurt sowohl Mitglied des NSKK (Kraftfahr-Korps) als auch der Hitlerjugend. Auch Richard

Zach trat der Hitlerjugend bei und wurde, „da seine schriftstellerische Begabung auffiel", wie es in der Urteilsschrift heißt, „im Bannstab in Graz verwendet". In diesem Rahmen dürfte der abhanden gekommene Band „Fliegergedichte" entstanden sein, den Richard Zach sogar bei einem Verlag eingereicht haben soll. Dabei handelte es sich um verschlüsselte Gedichte, deren tatsächlicher Inhalt und Zweck „einfach auf den ersten Blick nicht erkennbar waren", erinnert sich Elfriede Geschwinder. Vordergründig schienen es Loblieder auf die Luftstreitkräfte der Nazis zu sein, im entsprechenden Zusammenhang waren die „roten Flieger" der Sowjetunion erkennbar. — Alois Geschwinder: „Er hat s' einfach überrumpeln wollen."[74]

Revolutionslied

Der Tag zum Sturm ist nah! Millionen,
seid kampfbereit, seid stets gestellt!
Die Unterdrückung heißt's entthronen!
Wohlan, marschiert! Das Unrecht fällt!
    Rot flattern die Fahnen
    hoch über den Bahnen!
    Nichts hält uns länger auf!
    Uns zwingt der Lauf der Welt, der Welt!

In Kerkernacht, umdroht, belauert,
oft fast erdrückt vom Alp der Zeit,
von Zweifel und von Not durchschauert,
ersehnten wir den letzten Streit.
    Rot flattern die Fahnen...

In Kellern und in Hungerzellen
erstickte oft der Freiheitsschrei.
Doch immer neu erklang sein Gellen:
„Erhebt euch, brecht das Joch entzwei!"
    Rot flattern die Fahnen...

Es liegt am Weg ein Heer von Toten.
Mit Blut erkauft ist jeder Zoll.
Die Fahnen künden es, die roten.
Genug der Qual! Das Maß ist voll!
    Rot flattern die Fahnen...

Es gibt kein Halt! Es gilt kein Fragen!
Das Ziel ist klar: die Arbeit frei!
Die Erde denen, die sie tragen!
Kampf bis zum Sturz der Tyrannei!
    Rot flattern die Fahnen...

Bleistiftskizze, vor 1938.

Antifaschistische Öffentlichkeitsarbeit

Auch in der Zeit seines Spitalaufenthalts blieb Richard Zach nicht untätig. Er verfaßte „Aufsätze und Schriften", wie in seiner Urteilsschrift vermerkt wurde, und „erörterte" mit seinen Besuchern „politische Fragen". Ja, man könnte von einer Zeit der Sammlung sprechen. Wieder wurden neue Bekanntschaften geschlossen. Darüber hinaus wurde die eigentliche, gegen das nationalsozialistische Terrorsystem gerichtete Widerstandsarbeit gründlicher durchdacht und vorbereitet. Aktiv dabei waren natürlich Elfriede Neuhold und Alois Geschwinder. Elfriede Neuhold arbeitete zu dieser Zeit noch als Fakturistin. Alois Geschwinder konnte sich nach Abschluß der Mittelschule durch einen einjährigen Abiturientenkurs noch dem nationalsozialistischen Reichsarbeitsdienst entziehen und hatte ab April 1940 seine erste Anstellung als Lehrer in Frohnleiten. Für ihn hat es im April 1939 „schon so gestunken nach Krieg", daß er sich gedacht hat: „Du bist nicht blöd!" Geschwinder meldete sich in der LBA zu einem Abiturientenkurs an, wodurch er ein Jahr gewonnen „beziehungsweise fürs Militär ein Jahr verloren" hat. Nach Schulschluß 1940 mußte Alois Geschwinder aber doch zum Arbeitsdienst nach Fürstenfeld, wo er beim Lagerbau eingesetzt wurde, und von wo er nach dreieinhalb Monaten unter Vorgabe einer unzutreffenden Eignung, nämlich musikalisch versiert zu sein, wieder nach Graz zurückkam. Später wurde er in Sankt Radegund eingesetzt und in der Folge, ebenfalls als Lehrer, zur „Germanisierung" im bereits besetzten Drautal Jugoslawiens. Bis zu seiner endgültigen Verhaftung konnte Alois Geschwinder noch kurze Zeit als Volksschullehrer in Feldkirchen bei Graz arbeiten.[75]

In einem Brief aus dem Reichsarbeitsdienstlager bei Fürstenfeld an Elfriede Neuhold legt er Zeugnis von den Umständen der Kontaktierung in dieser schwierigen Zeit ab. In dem Schreiben, das später mit zu seinem Verhängnis beitragen sollte, beklagt sich Alois Geschwinder zuerst, daß „sein Leidensgefährte" leider wenig brauchbar ist, und fährt dann fort:

„Mit dem konnte ich kein Wort sprechen, das irgendwie Sinn hätte. Der könnte nie mit mir zusammenarbeiten, geschweige denn, daß ich ihn gewinnen und überzeugen könnte. Auch sonst ist niemand da, mit dem ich mich fruchtbringend beschäftigen könnte. Die normalen Arbeitsmänner sind nie frei, so daß ich mich heranmachen könnte. Einige

Versuche machte ich ja, das Ergebnis ist: Einer hat vernünftig gesprochen und macht einen brauchbaren Eindruck, da mangelt die Zeit. Andere sind Meckerer. Der Abteilungskoch ist schlau und grinst nur höhnisch bei ‚Deutschland, Deutschland, über alles'. Ich will versuchen, dennoch etwas zu erreichen."[76]

Wie schon gezeigt, hatte die Gruppe bereits vor Abfassung dieses Briefes einiges in diesem Sinne erreicht. Auch Alois Geschwinder war es zuvor schon gelungen, neue Mitglieder zu werben. Auf Grund seiner Bemühungen konnte sein eigener Wohnungsnachbar, Hugo Graubner, ein ausgebildeter Stempelsetzer, zur Mitarbeit gewonnen werden. Über diesen schloß man, da beide im selben Betrieb, bei Patriz-Dunkler, arbeiteten, Bekanntschaft mit dem Graveur Alois Kaindl. Gemeinsam mit dem Bruder von Hugo Graubner, Adolf, entstand so eine weitere Zelle. Eine andere Gruppe existierte um den Angestellten Friedrich Grießl, bei dessen späterer Verhandlung Richard Zach, selbst schon zum Tode verurteilt, als Zeuge auftreten mußte. Nach und nach entstand so eine stattliche Anzahl von Widerstandszellen. Adolf Strohmaier schreibt, daß Richard Zach auch auf Leute aus dem KJV traf, die versuchten, diese kompakte und aktive Gruppe unbedingt dem Kommunistischen Jugendverband einzuverleiben — was auf Grund bereits erwähnter Erfahrungen aber strikt abgelehnt wurde.[77]

Wie sein Umkreis wurde auch der Kern der Gruppe immer wieder auseinandergerissen. Manche waren eingerückt, andere waren beim Arbeitsdienst oder hatten außerhalb von Graz eine Anstellung. Nur hin und wieder gelang es, Richard Zach im Spital gemeinsam zu besuchen und eben „politische Fragen" zu erörtern beziehungsweise an der Beratung über Möglichkeiten der weiteren antifaschistischen Arbeit teilzunehmen. Unter den Besuchern war auch Richard Zachs spätere, um fünf Jahre jüngere Freundin Hermine Kohlhauser. Diese war über ihren Cousin Alfred Steinbauer und Adolf Strohmaier zur Gruppe gestoßen. Hermine Kohlhauser sollte, da sie die jüngste von allen war, von Anfang an betreut werden, wie sie selbst erzählt: „Ich war damals als Lehrmädchen an der Klinik — der Dolfi war eingerückt —, und da hat's geheißen, man soll mich ‚formen' oder so ähnlich. Und damit ja niemand dazwischenkommt, soll man mich nach Möglichkeit auch draußen (von der Klinik — Anm. d. Verf.) abholen." Mit dem Abholen wurde anfangs Josef Red betraut. Später, nach der Entlassung aus dem Spital, besorgte das Richard Zach selbst, der Hermine Kohlhauser dann auch aus der ganzen Sache ein wenig heraushalten wollte. — „So rührend", erzählt sie, „ich mein', die waren so für den anderen da, eine derartige Kameradschaft, also: Das ist die Hermi, die soll jetzt gebildet werden."[78]

Einmal, es war noch während Richard Zachs Spitalaufenthalt, besuchte ihn Hermine Kohlhauser. Zufällig kam Alois Geschwinder ebenfalls. Hermine Kohlhauser hat „immer vor den beiden ein bisserl Respekt gehabt". — „Der Richard und der Teddy, die waren ja sehr streng, die wollten mich ja geistig an die Kandare nehmen." Sie wollte Richard Zach ein von Geschwinder geliehenes Buch, Jack Londons „König Alkohol", geben. Alois Geschwinder soll sie, als er sein Buch wieder sah, gleich aufgefordert haben: „Also, was ist jetzt, halte einmal einen Vortrag über das Buch." — „Und ich war halt ein wenig eingeschüchtert", erzählt Hermine Kohlhauser weiter, „und hab' gesagt: ‚Das einzige, was ich sagen kann — Alkohol werde ich keinen mehr trinken!'" Geschwinders Antwort: „Das ist aber herzlich wenig." —

Hermine Kohlhauser (1944).   Richard Zach (1941).

Heute meint Alois Geschwinder: „Es paßt durchaus in unsere damalige Linie; wir waren sehr strenge Leute." Hermine Kohlhauser: „Sehr streng!" Diese Linie stand, wie schon gezeigt, in der kulturellen Tradition der Sozialdemokratie in der Ersten Republik, wonach zum neuen, „geformten", Menschen — und der „Richard, er hat halt eine Lust gehabt zu formen", erzählt Alois Geschwinder — nicht nur ein gesunder Geist gehörte, sondern auch ein starker Körper und ein entsprechendes Äußeres. — Hermine Kohlhauser trug damals langes Haar, „und da hat es geheißen: ‚Ein braungebrannter Nacken — ein gesunder Nacken — ein klarer Geist' usw. So hab' ich mir die Haare kürzer schneiden müssen, jetzt hab' ich's halt in Etappen gemacht — da hat's geheißen: Ich hab' noch nicht genug an mir selbst gearbeitet!"[79]

Herma

Ich sah Dich kaum in Deiner ersten Blüte.
Mein Herz nur ahnte, was sich in Dir regt.
Ich hätte es so gerne lang gehegt.
Doch blieb nicht Zeit. Geschürte Glut versprühte.

Und Du — was schautest Du denn mehr als meine Hülle?
Tiefstes zu spüren wehrte uns das Leben.
Nur Splitter konnte ich Dir hastig geben,
den kargen Abglanz schaffensfroher Fülle.

Verwachsen wollten wir und aneinander reifen.
Wie reich? Wer weiß? Doch willig, tatenstark, bereit.
Allein — am Ursprung schon hat uns ein Zwang entzweit.
Der Bund — ein Traum. Ich kann es nicht begreifen.

Hart trifft der Schlag. In Nacht sinkt vieles Schöne.
Hart trifft der Schlag. Ein Glück zerklirrt in Scherben.
Doch war ich für Dich Wert, dann kann kein Sterben
vermodern, was uns einte. Klare Töne.

Aus meinem Mund, sie werden in Dir schwingen.
Wer kann sie töten? Keiner! Lausche, wähle.

Gestalte weiter freudig Hirn und Seele.
Du sollst Dir gläubig Deinen Sieg erringen.

Ich bin bei Dir. Ich werde mit Dir feiern.
Mit jeder Stufe, die Du höher stürmst,
mit jedem Stein, den Du zum Ziele türmst,
wird sich in Deiner Brust mein Bild erneuern.

Nach Auffassung der NS-Behörden war eines der Ergebnisse der Lazarett-Besprechungen um das Jahr 1940 auch die Entscheidung, nun auch nach außen zu wirken, Schmieraktionen zu unternehmen und Flugzettel zu schreiben und zu verbreiten. Mit Graubner, Kaindl oder Red hatte man auch Mitarbeiter, denen die dafür erforderlichen technischen Fertigkeiten zuzutrauen waren. Für die Anschaffung der Apparate und Hilfsmittel zur Herstellung von Druckwerken wurde in den Gruppen Geld gespart und zusammengelegt. Zuerst wurde eine Schreibmaschine besorgt, dann ein Vervielfältigungsapparat und schließlich ein Handsetzkasten. Diese Geräte unverdächtig aufzubewahren war nicht leicht. Die Standorte wurden dementsprechend oft gewechselt. Den Vervielfältigungsapparat stellte man bei Graubners ab, vorübergehend auch bei Kaindl, der diesen gemeinsam mit Red bediente. Später konnte man ihn in der Hütte eines Freundes in Authal, außerhalb von Graz, unterstellen. Dort wurde er vermutlich von der Gestapo gefunden. Auch die Matrizen mußten an unterschiedlichen Orten hergestellt werden, unter anderem in der Wohnung von Alois Geschwinder. Geschrieben wurde das meiste, wie es in der Urteilsschrift heißt, „nach dem Diktat des Zach". Die Ausführende in den meisten Fällen war — vielleicht auf Grund ihrer Ausbildung in der Handelsakademie — Elfriede Neuhold. Alois Kaindl und Hugo Graubner transportierten die Druckwerke mit ihren Motorrädern oder mit dem Zug von Authal ins Grazer Zentrum beziehungsweise zu den jeweiligen Kontaktpersonen zur Weiterverbreitung.[80]

Die erste Flugschrift mit dem Titel „Die NSDAP" wurde im Oktober 1940 aus Anlaß des Jahrestags der russischen Oktoberrevolution 1917 verfaßt. — Für die Nationalsozialisten war klar: „In ihr wird die NSDAP herabgesetzt, die Sowjetunion gepriesen. Die Arbeiter werden zum Zusammenschluß aufgerufen." Zugleich wurden mit einem von Hugo Graubner gefertigten Stempel und einer von Alois Kaindl hergestellten Stanze Streuzettel mit dem Hammer-und-Sichel-Emblem gedruckt. Eine bestimmte Anzahl von Streuzetteln und Flugschriften wurde von Elfriede Neuhold und Hugo Graubner in der Nacht des 6. November 1940 vor großen Grazer Industriebetrieben, vor der Grazer Waggonfabrik, den Daimler-Puch-Werken und der Brückenbauanstalt Waagner-Biró verteilt und — wie man in der Urteilsschrift versicherte — „zum Teil an Mauern, Zäunen und Masten" befestigt. Der damals fünfzehnjährige Bruder Erich Neuhold fungierte bei einer von Red im Grazer Vorort Andritz durchgeführten Streuaktion als Aufpasser. Die jungen Leute wurden immer aktiver. Es gab sogar Versuche, die Kriegsmaschinerie zu stören. Alois Geschwinder erinnert sich noch an einen Sabotageakt, bei dem eine Grazer Brücke gesprengt hätte werden sollen. Es kam allerdings zu keiner Zündung, der Sprengsatz funktionierte offensichtlich nicht.[81]

Bald darauf ging die Gruppe dazu über, eine laufend erscheinende Flugschrift herauszubringen. „Der Rote Stoßtrupp" wurde sie genannt. Als geistiger Urheber dieses Pamphlets war Richard Zach zugleich der Verfasser der meisten darin abgedruckten Artikel. Das Titelblatt wurde mit Hammer und Sichel versehen und trug, da man offenbar mit Denunzianten rechnete, den moralisierenden Appell: „Wenn Du ein Schuft sein willst, so gehe damit zur nächsten Gestapo-Stelle! Du kannst Dir einen Verräterlohn holen!" Den Gestapo-Berichten zufolge wurden von November 1940 bis Februar 1941 insgesamt vier Folgen des hektographierten „Roten Stoßtrupps" mit einer Auflage von 100 bis 150 Stück je Ausgabe hergestellt. Alois Geschwinder glaubt, daß mit großer Wahrscheinlichkeit mehr Ausgaben des „Stoßtrupps" hergestellt wurden, der Gestapo aber nur vier in die Hände gefallen sind. „Wir hatten ein Archiv", erinnert er sich, „das dann vernichtet wurde von dem Menschen, bei dem es war, als seine Frau ins KZ gekommen ist." Der Inhalt der Flugschriften bestand zum größten Teil aus Informationen ausländischer Radiosender und eigenen „Analysen der gegenwärtigen Lage". Die Verteilung erfolgte über Mittelspersonen, auch über einen Teil der „Alten" und bereits Polizeibekannten. Für den Bereich außerhalb von Graz mußten dazu die Verbindungen, sofern sie nicht schon vorhanden waren, aufgebaut werden. Der Kontakt zu Franz

Muhri, geschlossen etwa im Sommer 1939, wurde bereits angeführt. Neben dem „Roten Stoßtrupp" leitete Muhri noch anderen illegalen Lesestoff, „fortschrittliche Bücher", wie er schreibt, von der Zachschen Gruppe in die Weststeiermark weiter. Franz Muhri erinnert sich auch noch an Schreibmaschinentexte „im Umfang von vier bis zehn Seiten", die — vermutlich auch auf der Jöllerhube verwendet — den Weststeirern zu Schulungszwecken weitergegeben wurden: „Solche Texte gab es unter anderem zu folgenden Themen: Die Entwicklung der menschlichen Gesellschaft; Kapitalismus; Imperialismus; die nationale Frage; die Rassenfrage." Eine weitere Verbindung in die Weststeiermark, die nur kurze Zeit dauerte, entstand über ein früheres KJV-Mitglied, Ernst Jöbstl. Als „‚Brückenkopf' in Deutschlandsberg", wie sich Alfred Steinbauer erinnert, bekam auch Jöbstl Schulungsbriefe zur Weiterleitung.[82]

Eine gewisse Anzahl des „Roten Stoßtrupps" erreichte zum Beispiel Voitsberg, das durch die Arbeit der „Alten" zum Bezirkssitz mit allein sechs Zellen und 170 bis 180 Mitgliedern wurde, und dies folgendermaßen: Von den „30 bis 40 Stück jeder Folge", die laut Urteilsschrift Elfriede Neuhold zwischen November 1940 und Jänner 1941 ihrem Vater zukommen ließ, gelangte ein Teil in den Besitz des Grazer Friseurs Josef Lazic. Dieser wiederum deponierte eine Anzahl Exemplare bei der Grazer Hausbesorgerin Rosina Schroffler auf die Art, daß der junge Erich Neuhold mit einem Flugschriftenpaket und dem zwischen Lazic und Schroffler vereinbarten Losungswort „Einen schönen Gruß vom Rosenberg" bei Letztgenannter vorstellig wurde. Über Rosina Schroffler kamen die Flugschriften nun in die Wohnung der Grazer Hausbesorgerin Marie Fleischhacker. Deren Tochter Hildegard Burger, die von der Kreisleitung Graz der illegalen KPÖ (Josef Neuhold, Josef Lazic usw.) mit dem Wiederaufbau der Voitsberger KP-Organisation beauftragt worden war, überbrachte die Flugschriften illegalen Kommunisten in Voitsberg zur Weiterverbreitung. Ähnliche Verbindungen und Wege der Verteilung bestanden in andere Gebiete beziehungsweise Organisationen. Angeblich existierte über die Chilenin Ines Victoria Maier auch eine Verbindung zur Provinzkommission der KPÖ (Proko) in Wien. Von den Überlebenden wird dies allerdings nicht bestätigt.[83]

Nieder mit dem Raubkrieg

Hört ihr das Seufzen der Witwen nicht,
das Wimmern nicht der Waisen?!
Ihr sprecht von Ehre, Ruhm und Pflicht —
und schmiedet das mordende Eisen!

Wollt ihr denn ewig Henker sein,
weil andre auch leben möchten?
Wollt ihr euch nicht endlich wahrhaft befrein
und jene verjagen, die knechten?

Die Erde hat Land und Lese genug
für alle Pflüger und Schaffer!
Durchschaut den frechen, tödlichen Trug,
die tückische Gier der Raffer!

Hat euch denn noch nicht ein Ekel erfaßt
vor eueren blutigen Händen,
vor eurem Geschlecht, das sinnlos rast?
Genug, genug? Laßt enden!!

Hört doch das Seufzen der Witwen, hört!
Hört doch das Wimmern der Waisen!
Und wenn ihr auf eure Stärke schwört —
einst mordet euch selber das Eisen.

Die Verhaftungswelle

In dem Versuch, einzelne, in den NS-Urteilsschriften aufgezeigte Verbindungslinien zu überprüfen, stößt man auf ein grundsätzliches Problem der historischen Widerstandsforschung. Erfahrungsgemäß entspricht die Darstellung mancher Ereignisse in den nationalsozialistischen Anklage- oder Urteilsschriften nämlich nicht oder nicht ganz der Realität. Nur allzu oft wurden etwa Verbindungen zwischen Personen konstruiert, die es faktisch gar nicht gab oder aber, an die sich die Überlebenden nicht mehr erinnern können. Zum anderen wurde in der illegalen antifaschistischen Arbeit eine Gruppenstruktur geschaffen, innerhalb derer wirklich nicht jeder jeden kennen konnte. Zwei Beispiele aus Interviews sollen dies verdeutlichen: „Die Burger, ja. Dadurch bin ich mit Richard zusammengekommen", erzählt Alois Kaindl. Alois Geschwinder: „Die Burger kenne ich auch nur aus meiner Anklageschrift." „Wer waren denn die Grießl?", fragt Kaindl. — Geschwinders Antwort: „Das waren Bekannte vom Richard, die ich auch lange Zeit nicht gekannt habe." Wieviele Personen in wievielen Gruppen untereinander beziehungsweise zur Gruppe Richard Zach Kontakt hatten, ist also heute nicht mehr genau festzustellen, schon gar nicht alle ihre Namen. Es dürfte sich aber jedenfalls um ein relativ dichtes und weitverzweigtes Netz gehandelt haben. Den Schätzungen Alois Geschwinders zufolge betrug die Anzahl der „eigentlichen" Zachschen Widerstandszellen zwischen zehn und 14 mit insgesamt etwa 30 bis 50 Angehörigen. Fest steht, daß die teilweise bereits angedeutete soziale Zusammensetzung der Gruppen — Arbeiter, Angestellte und Lehrer — der durch Schulung und Aktivität gereiften großen Zielsetzung entsprach: im Zusammenschluß vor allem der arbeitenden Menschen beziehungsweise mit der Arbeiterbewegung den Faschismus *und* dessen offensichtlichen Nährboden, die kapitalistische Gesellschaftsordnung, zu überwinden. Und logischerweise war genau dieses Ziel in all seinen Facetten der ausschlaggebende Grund für Verhaftungen, Verurteilungen und Hinrichtungen auch der jungen Leute aus dem Umkreis Richard Zachs.[84]

In der Steiermark, wo sich der marxistisch orientierte Widerstand in erster Linie in den Industriegebieten entwickeln konnte, hatte es, wie

Radomír Luža in seinem Buch über den Widerstand in Österreich belegte, schon vor 1938 verschiedene Formen der kommunistischen Agitation gegeben. Die Polizei überwachte auch vor allem junge Leute, die als Kommunisten bekannt waren oder früher im öffentlichen Leben eine Rolle gespielt hatten. Wie den Kommunisten als politischen Hauptfeind sowie stärksten und agilsten Gegner im antifaschistischen Widerstand, wandte das Regime der kommunistischen Untergrundpresse besondere Aufmerksamkeit zu. Da Flugblätter durch Verbreitung relativ leicht erhältlich waren, verfolgte die Gestapo jede Spur, indem sie die Namen ortsansässiger Kommunisten aus den alten Polizeiakten heraussuchte oder Agenten in die Gruppen einschleuste. Für den Grazer Raum war es eben jener Johann Stelzl, der in seiner Funktion als Leiter des Kommunisten-Referats von den Nazis direkt übernommen wurde, und — wie Alois Geschwinder versichert — sie „wirklich gekannt hat, die ‚rote Szene'". Mit diesem gingen natürlich auch die Polizeiakten des „Ständestaates" in den Besitz der Nationalsozialisten über, und Stelzl konnte mit dem sicheren Wohlwollen der neuen Herren ab 1938 seine Arbeit anscheinend erst so richtig zur Entfaltung bringen. Er war verantwortlich für unzählige Verhaftungen und Verurteilungen, allzuoft mit tödlichem Ausgang. „Der Stelzl", erinnert sich Ditto Pölzl, als Kommunist selbst mehrmals verhaftet, langjähriger Betriebsratsobmann bei Waagner & Biró in Graz und nach 1945 steirischer Landtagsabgeordneter der KPÖ, „der Stelzl — eine Bestie ist er geworden, eine Bestie!" Stelzls Aktivitäten erreichten ein solches Ausmaß und zeugten von einer Skrupellosigkeit und Brutalität, daß man nach 1945 nicht umhin kam, ihn nach einem langen Volksgerichtsprozeß in Graz zum Tod zu verurteilen. Neben 30 anderen fanatischen Nationalsozialisten, denen als Verantwortliche oder Ausführende von Bestialitäten dann auf österreichischem Boden eine derartige Strafe widerfuhr, wurde als einziger Gestapobeamter Johann Stelzl am 10. September 1947 in Graz hingerichtet. [85]

Ditto Pölzl erzählt, daß man in kommunistischen Kreisen schon länger gewußt habe, „daß die Grazer Organisation mit Spitzeln durchsetzt ist, vollkommen eingesehen von der Staatspolizei". Bemerkenswert dabei ist, daß zum Beispiel die Poststelle der illegalen KPÖ in den Händen eines Markenhändlers in der Grazer Sporgasse lag. Die Folgen eines solch verhängnisvollen Umstands läßt sich leicht erahnen. Für die

Organisation der KPÖ bedeuteten die vielen schmerzlichen Verluste von Kadern, daß sie ihre Leitung immer wieder neu aufbauen mußte. Im Mai 1938 wurde August Pirker, ein Kesselschmied und Absolvent der Moskauer Lenin-Schule, von Wien aus beauftragt, den Parteiapparat im Grazer Raum zu reorganisieren. Dabei nahm er direkten Kontakt mit der Verbindungsstelle der KPÖ in Maribor (Marburg) auf. Pirker folgte ebenfalls dem Prinzip der Dreiergruppenbildung und bemühte sich, das Schwergewicht der Arbeit auf die Betriebe zu verlegen. Es gelang ihm, die größte Rüstungsfabrik von Graz, die Steyr-Daimler-Puch-Werke, zu unterwandern und ein Netz von Betriebszellen in jeder Abteilung aufzubauen. Pirker arbeitete schnell, gründete in der ganzen Steiermark zahlreiche Zellen und arbeitete auch mit den Verantwortlichen des KJV in und um Graz eng zusammen. Am 14. Februar 1939 wurde Pirker plötzlich in Graz festgenommen, und von Jänner bis März erfolgten mehrere Verhaftungen, die die Auflösung seines Netzes zur Folge hatten. Von insgesamt 50 Verdächtigen wurden 23 des Hochverrats beschuldigt. Später wurde ein Vertrauter Pirkers, der Ende September 1938 der Gestapo in die Hände gefallen war, als Doppelagent entlarvt. Durch ihn war die Gestapo „über jede Tätigkeit" genau informiert und hatte nur geduldig zugewartet, um das Netz schließlich aufzurollen.[86]

In einem vermutlich folgenschweren Zusammenhang sowohl mit den Grazer „Alten" als auch mit dem Umkreis von Richard Zach stand das Ergebnis eines Treffens führender, im Exil lebender Kommunisten im Jahr 1939. Bei ihrem Weihnachtstreffen in der jugoslawischen Stadt Split beschlossen die ZK-Mitglieder Erwin Puschmann, Franz Honner und Wilhelm Frank, ihre Kontakte mit der Heimat auf eine neue Basis zu stellen. Sie wandten sich um Unterstützung an die Genossen in der Türkei, wo 1938 Diplomingenieur Herbert Eichholzer innerhalb der österreichischen und deutschen Kolonie eine kommunistische Zelle aufgebaut hatte. Elfriede Neuhold kannte ja Eichholzer bereits auf Grund ihrer Tätigkeit in der SAG aus der Zeit vor dem März 1938 und als Genossen ihres Vaters, Josef Neuhold. Als Kuriere nach Österreich warb die KPÖ drei Architekten an, die schon erwähnte Ines Victoria Maier, Eichholzer und Margarete Schütte, die 1940 getrennt nach Österreich zurückkehrten, wo sie sich mit den illegalen KPÖ-Organisationen in Verbindung setzten. Eichholzer war dabei für den Grazer Raum zuständig, und er hatte auch keinerlei Schwierigkeiten, mit führenden lokalen Kommunisten wie Karl Drews, Dr. Franz Weiss und Josef Neuhold Kontakt aufzunehmen. Alois Geschwinder meint heute, die Zeit, in der Eichholzer ins Land kam, „deckt sich ein wenig mit den Verhaftungen" in und um Graz. Mit der Zeit wurde ein dichtes Netz von kleinen Zellen in Graz und in den steirischen Städten Judenburg, Mürzzuschlag, Voitsberg (das dann später Bezirkssitz wurde), Frohnleiten, Fohnsdorf und Übelbach aufgebaut. Als Eichholzer sich freiwillig zur Wehrmacht meldete, fungierte Drews als sein Stellvertreter. Auch Druckschriften wurden hergestellt und verbreitet, die wichtigen Direktiven und Informationen, die Kuriere über die Türkei aus Moskau brachten, enthielten.[87]

Dann holen sie ...

Dann holen sie wieder einen aus unserem Kreis
hin zu den Henkern, hin zum blutigen Block;
einen mit grauen Haaren, mit blondem Gelock;
einen, der rang um das Recht und werkte im Schweiß.
Heimlich hat er vielleicht bis heute gehofft,
daß die Willkür sein Wollen doch noch erkennt.
Heimlich würgte wahrscheinlich die Ahnung ihn oft,
daß ihn einmal erbarmungslos Zwang von uns trennt.

Aber wenn er dann scheiden muß aus unserer Schar,
einer der Todbestimmten, vor unserem Tag,
dem das Herz durchpulste der gleiche gläubige Schlag,
der uns bis zuletzt ein treuer Gefährte war,
schüttelt er schweigend ab den beklemmenden Druck,
reicht uns noch einmal die Hand und geht ohne Beben;
und der kalte Hauch, der uns streifte, der Spuk,
weicht vor dem tieferen Wissen: Er stirbt für das Leben!

Im Frühjahr 1941 begann eine Verhaftungswelle, die zusehends auch die Gruppe Richard Zach umfassen sollte. Offensichtlich führte dabei der Weg zu den jungen Antifaschisten über die „Alten". Am 1. Februar 1941, dem Tag, ab dem Richard Zach nach Ende seines Spitalaufenthalts wieder als Lehrer arbeiten konnte, wurde Josef Neuhold im Zuge einer Hausdurchsuchung verhaftet. Zwei Tage später wurde auch dessen neunzehnjährige Tochter Elfriede festgenommen. In der elterlichen Wohnung fand man den von Alois Geschwinder an sie gerichteten Brief aus dem Reichsarbeitsdienst-Lager Fürstenfeld, der später auch als belastendes Material gegen ihren späteren Ehemann verwendet wurde. In der Zwischenzeit wurde Alois Geschwinder von der Gestapo auch schon einmal einvernommen. Noch vor ihrer Verhaftung im Februar veranlaßte Elfriede Neuhold ihren jungen Bruder Erich, im Falle ihrer vorauszusehenden Festnahme Richard Zach davon in Kenntnis zu setzen, was auch geschah. Für kurze Zeit übernahm dann Erich Neuhold die Aufgaben seiner Schwester in der Gruppe. Wahrscheinlich wollte die Gestapo ihren Umkreis, ihre Kontakte aufspüren,

Elfriede Neuhold mit Mutter auf dem Weg ins Gefängnis, zum Besuch des Vaters (1941).

Erich Neuhold (1944).

als Elfriede Neuhold Anfang März wieder entlassen wurde. Es bedurfte aber doch eines relativ langen Zeitraums von etwa acht Monaten, bis dies weitgehend gelang, und man auch zum eigentlichen „Kopf" der Gruppe vorstieß.[88]

Um jeglichen Zusammenhang der Gefangenen zu den Flugschriften und deren Verbreitern als unlogisch erscheinen zu lassen, wurde der „Rote Stoßtrupp" weiterverteilt. Auch Flugzettel wurden erneut herausgebracht. Solche widmete Richard Zach der Erhebung der österreichischen Arbeiterbewegung im Februar 1934. Der Widerstand in Österreich wurde im Jahre 1941 allgemein heftiger, was hauptsächlich mit dem Überfall der Nazis auf die Sowjetunion in Zusammenhang stehen dürfte. Unmittelbar nach dem Überfall im Juni 1941 stellte Richard Zach erneut Streuzettel her, die folgenden Wortlaut hatten: „Nieder mit Hitlers Raubkrieg!/Kämpft dagegen mit allen Mitteln!" — und: „Sieg der Roten Armee!/Vernichtung den Naziausbeutern!/Helft mit, Genossen!" Wie der Urteilsschrift zu entnehmen ist, übergab er 500 solcher Zettel dem Angestellten Friedrich Grießl, „der sie weisungsgemäß ausstreute".[89]

Mit Franz Muhri führte Richard Zach auch noch gemeinsame Schmieraktionen durch. — „Auf weithin sichtbaren Mauern und Denkmalplatten in Graz wurden nachts kurze Losungen, unser Zeichen Sichel und Hammer gepinselt. Besondere Freude machte es uns, wenn wir in den darauffolgenden Tagen feststellen konnten, daß die schwarze oder rote Miniumfarbe nicht mehr ganz weggewaschen werden konnte." Doch auch Richard Zach blieb wie fast alle seine antifaschistischen Freunde von den Nachforschungen der Gestapo nicht verschont. Franz Muhri erinnert sich noch an sein letztes Erlebnis mit Richard Zach, „als ob es heute gewesen wäre". Schauplatz war der Mur-Kai, unterhalb jener Brücke, die von der Grazer Annenstraße zum Hauptplatz führt, in der Höhe des heutigen Autobusbahnhofes:

„Es war wieder der nächste Treff ausgemacht, gegen Abend an einem Wochentag, am Mur-Kai in Graz. Ich stand neben meinem Fahrrad, erblickte Richard auf der anderen Straßenseite. Doch statt mir näher zu kommen, bog er auffallend rasch um die Ecke und ging schnell weiter. Dasselbe wiederholte sich ein zweites- und ich glaube, ein drittesmal. Nun wußte ich, daß Richard bereits beschattet wurde und er mich auf diese Weise warnen wollte. Entsprechend den von Anfang an mit meinen Verbindungsleuten der Grazer Gruppe für den Fall, daß ein Kontakt abbricht, ausgemachten Regeln, ging ich lange Zeit wieder jede Woche am gleichen Tag zur gleichen Zeit zu der ursprünglich für die Zusammenkunft verabredeten Stelle am Mur-Kai. Es kam weder Richard noch ein anderer. Nun wußte ich, daß er hochgegangen war. Daraus, daß ich nicht verhaftet wurde, konnte ich schließen, daß Richard Zach und andere Genossen bei den Verhören standhaft geblieben sind."[90]

Hagelschlag

Der Hagel zerstampfte das hohe Korn
am Tag vor dem letzten Reifen,
zerfleischte die Felder — ein reißender Dorn —,
verschonte nicht einen Streifen.

Vom blauen Himmel warf ihn herab
mit tollen, wütigen Händen
ein schwarzes Gespenst, entflohen dem Grab,
lebendige Fluren zu schänden.

Es brach aus der Brust sein eiskaltes Herz,
es hauchte mit eisigem Hohne
die Tränen starr, die der Himmel voll Schmerz
zu weinen begann. Vom Throne

der finstersten Mächte im weiten All
stahl es Millionen von Kieseln,
zermalmte, schleuderte Wolkenkristalle, —
um endlich fahl zu verrieseln.

Nun liegen die Ähren am Boden, geknickt
unter prasselnden Rutenschlägen.
Doch hat die Sonne Heiler geschickt,
die richten mit warmen, regen,

lindernden Fingern die Wunden hoch
und küssen die Todgeweihten,
so daß selbst diese willig noch
sich straffen, vergessend die Leiden.

Verzweifelt gebeugte Halme stehn
und heben wieder die Krone.
Sie wollen nicht ohne Gabe vergehn
und zittern der Mahd zu, dem Lohne.

Ende und Anfang

Am 31. Oktober 1941 wurde Richard Zach „wegen Verdachts, kommunistische Parolen angeschmiert zu haben", festgenommen und gemeinsam mit den noch übrigen Mitgliedern der Familie Neuhold im Grazer Polizeigefängnis arretiert. Am 6. November wurde er „auf Grund des polizeilichen Untersuchungsergebnisses" aus dem Schuldienst entlassen — unter Berufung auf die eine höchst zweifelhafte Tradition eröffnende, zumindest darauf verweisende Rechtsformel: „Da Sie ... nicht mehr Gewähr dafür bieten, daß Sie jederzeit für den nationalsozialistischen Staat eintreten ..." Ersetzt man den NS-Staat durch „freiheitlich-demokratische Grundordnung", wird man an die offizielle Begründung für Berufsverbote gegen sogenannte „Radikale", insbesondere Kommunisten, in Teilen der heutigen Bundesrepublik Deutschland erinnert.[91]

Mahnung an einen bösen Jungen

Hättest Du Dich klein gemacht!
Es gibt viele warme Ecken
zum vergnüglichen Verstecken.
Hättest es noch weit gebracht,
wenn Du klug gewesen wärst!
Könntest sonntags Braten essen.
Freilich, daß Du Rang nicht ehrst
und verbesserungsbesessen
an Geheiligtes-Gewohntes
rüttelst, sagst, es sei verschlagen —
dummer Junge! — Siehe: Lohnt es? —
Muß Dir kosten Deinen Kragen.
Mußt Du Dich um Dinge scheren,
blinder, unbedachter Tropf,
die Dein Wohlsein doch kaum stören?
Schade um den großen Kopf. —
Wärst Du besser still geblieben!
Hättest jetzt ein warmes Weibchen,

alles, was die Menschen lieben,
und ein gut gespicktes Leibchen;
brauchtest niemals Hunger leiden,
nicht, wie jetzt, die Knochen zählen;
könntest Dich in Würden kleiden,
könntest anderen befehlen,
nachts tief schlafen, morgens reimen;
hättest Deinen schönen Lohn,
würdest nie vom Henker träumen...
Dummer Du, das kommt davon!

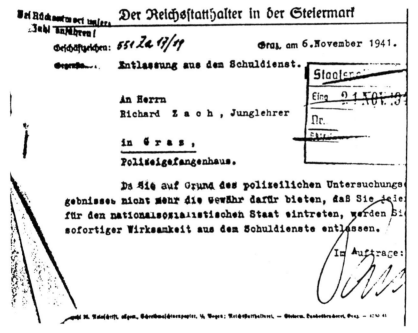

Für Adolf Strohmaier, der bereits längere Zeit eingerückt war, kam die ganze Sache nicht unvermutet. Die Erzählungen der Freunde während seines Heimaturlaubes Anfang Herbst 1941 über einzelne unfreiwillige Besuche bei der Gestapo machten ihn schon stutzig. Jedoch rechnete auch er nicht mit einem so raschen Ende. — „Zwei bis drei Tage später sollte ich Richard besuchen — Frau Zach erzählt mir weinend: ‚Richard ist verhaftet!' Ich treffe Herma, rede ihr zu, vorsichtig zu sein — ‚Nein, jetzt erst recht!' Es ist zum Verzweifeln. Ich will nicht mit Herrn Stelzl zusammentreffen, ich verschwinde so schnell als möglich nach Wien und zurück nach Norwegen." Strohmaier gelang es, Ende 1944 von Norwegen nach Schweden zu flüchten, wo er in einem Internierungslager Vertrauensmann für die österreichische Vereinigung (Smaland) wurde, in deren Auftrag er unter anderem befreite österreichische KZ-Gefangene besuchte. Er lebt heute noch in Schweden.[92]

Nach Beginn seiner Haft begann Richard Zach so bald wie möglich, Informationen über den Stand der polizeilichen Ermittlungen gegen seine Gruppen und Mitstreiter zu sammeln. Viele waren ja bereits eingerückt und mußten gewarnt werden. Hermine Kohlhauser, die Richard Zach anfangs des öfteren im Gefängnis besuchen konnte, ahnte vorerst nur, als sie die Wäsche ihres Freundes aus der Haftanstalt abholte, daß sie mehr als seine Kleidungsstücke mit in die Wohnung der Zachs nahm: „Wir haben gesagt, der schreibt bestimmt was. Und dann haben wir halt das Suchen angefangen." Und tatsächlich wurden Nachrichten gefunden. Die ersten, stenografisch gehaltenen, Kassiber, die im Gummizug der Kleidungsstücke gefunden wurden, waren Warnbriefe an die inzwischen zur Wehrmacht einberufenen Freunde Alois Kaindl, Hugo Graubner und Josef Red. Hermine Kohlhauser und Alois Geschwinder sollten die Nachricht dechiffriert und unter Angabe der Feldpostnummern an diese weiterleiten. Die Briefe sollten allerdings deren beabsichtigte Empfänger nie erreichen. Möglicherweise wurden die Mitteilungen abgefangen oder gingen verloren. Jedenfalls wurden auch Alois Geschwinder und Hermine Kohlhauser festgenommen und inhaftiert. Von Johann Stelzl mußte sich die knapp siebzehnjährige Hermine Kohlhauser sagen lassen: „Wenn Sie nicht ein Mädchen wären, würde ich Sie jetzt aber ordentlich schlagen." Vermutlich setzte man auf ihre noch jugendliche Unerfahrenheit, als sie für kurze Zeit wieder entlassen wurde. Johann Stelzl schien sich selbst an der Bespitzelung zu beteiligen. Vielleicht aber war es auch nur ein Zufall, als ihn Hermine Kohlhauser dann einmal traf, und er sie mit folgenden Worten sichtlich zu unüberlegten Taten drängen wollte: „Na, wir kriegen Sie schon noch!"[93]

Nach Bekanntwerden seiner Schmuggelaktivitäten mußte

Gestapoverhör. V

Nein, es ist nicht menschenmeuchelnder Hass,
nein, das sagt nicht so rasch, nein, nein.
Eher - Freude am Quälen, eher - Spass
daran, Herr über Fleisch u. Blut zu sein.
② Vielleicht - Vielleicht auch etwas zornige Ungeduld
- Verdauungsschwierigkeiten, Streiten mit der
Frau, Nervosität —
der Glaube: Ich bin als Richter gesetzt über
grosse Schuld,
u. endlich Eitelkeit, die nach Verdienste.
daillen kräht.
③ Daneben natürlich Ärger, sich der keen
mitleiden, die tun, als seien sie frei von
meine herumzuplagen,
Verbrecherei.
Daneben natürlich der Wunsch, einmal
zuzuschlagen,
wie oft man will, u. Verpflichtung an die
Partei
④ Aber dies alles u. mehr kann schwerlich
begründen,
weshalb so gewütet wird, roh, blind,
dass schwärende Wunden an Leibern u.
Seelen künden,
sehr
wie weit wir von wahrer Gerichtung
enteignet sind.
⑤ Aber dies alles u. mehr könnte kaum
genügen,
den Plan zu verstehen in solcher „Recht".
lehre,
Wir wollen darum dem ganzen die Krone
aufsetzen —
vor allem ist es — die Berufsehre.

Kassiber (braunes Packpapier), ohne Datum.

Richard Zach vor Weihnachten 1941 vier Wochen im Gefängniskeller verbringen und war ständigen Mißhandlungen ausgesetzt. Sein Bruder Alfred legte später, in der Verhandlung gegen Johann Stelzl, in Erinnerung an einen Besuch noch im November dieses Jahres Zeugnis davon ab: „Stelzl und Komplicen hatten meinen Bruder durch Mißhandlungen derart zugerichtet, sein Gesicht war zerschlagen, verkrustet von alten Wunden, körperlich völlig heruntergekommen." Die nationalsozialistischen Häscher setzten alles daran, die wahren Zusammenhänge aufzudecken, und scheuten dabei weder Kosten noch Mühe. So kam es, daß sogar Alfred Steinbauer, der zu dieser Zeit paradoxerweise an der Heeresnachrichtenschule in Halle an der Saale zum Agentenfunker ausgebildet wurde, einmal gefragt wurde, ob er einen Richard Zach oder einen Alois Geschwinder kenne. Trotz Bejahung blieb er jedoch bis zuletzt verschont. Eine Hausdurchsuchung in der elterlichen Wohnung endete ohne ein für die Gestapo zufriedenstellendes Ergebnis. Bereits informierter dürfte sich die Polizei gezeigt haben, als Hermine Kohlhauser im Gefängnis ihrem Freund gegenübergestellt wurde: „Vom kleinen Raum haben s' den Richard hereingebracht. Der hat sich an die Wand gelehnt — die haben ihn wahrscheinlich vom Keller heraufgebracht — und gesagt: ‚Hermi, sag' alles, es hilft eh nix mehr.' Den haben s' total fertiggemacht."[94]

Als am 17. Dezember 1941 Alois Geschwinder in das Polizeigefängnis eingeliefert wurde, wies man ihm — wie er sagt — „aus irgendeinem Grund" die Zelle neben der seines Freundes an. Von diesem Zeitpunkt an bis Mitte Jänner 1942 — dann begann auch für Alois Geschwinder die Einzelhaft — gab es für Richard Zach wieder Möglichkeiten der direkteren Kommunikation. Zuerst unterhielten sich die beiden, ohne einander sehen zu können, nicht „allzu laut" an den Zellenfenstern. Es betraf vor allem Fragen und Aussagen aus den Verhören, über die man sich gegenseitig unterrichtete. Später gingen sie auch dazu über, die Informationen durch die Wand zu morsen. Richard Zach war „ein ganz guter Funker", erinnert sich Alois Geschwinder. Geschwinder selbst hatte einen Bleistift mit in die Zelle schmuggeln können. Er übertrug die Mitteilungen des Freundes. Da er noch Untersuchungshäftling war, durfte Alois Geschwinder die „Tagespost" abonnieren und konnte so für seine schriftlichen Übertragungen zumindest Zeitungsränder verwenden. Auf diese Weise wurden auch

Vielleicht

In Heide und Moor, in Regen und Wind
Hat uns das Schicksal verschlagen.
Und jeder Tag, der im Sand verrinnt,
Der so vergeht, wie er beginnt,
Wird still zu Grab' getragen.

In Heide und Regen und Wind und Moor
Steh'n wir und warten auf Morgen.
Wir horchen und haben im lauschenden Ohr
Den Klang der Posaunen im rauschenden Chor
Des Sieges nach einsamen Sorgen.

Und Heide und Moor und Regen und Wind,
Die sagen, wie's kommen werde,
Wenn alle Tage vergangen sind,
Die wir gewartet. Dann beginnt
Die Arbeit an unserer Erde.

Dann brause Sturm über Moor und Heid'
Und singe der Arbeit Lieder!
Dann ist die Welt wieder groß und weit!
Vielleicht gibt's dann nach langer Zeit
Auch lachende Menschen wieder.

einige Zachsche Gedichte zu Papier gebracht und wiederum in der verschmutzten Wäsche oder durch Handschlag verläßlichen Besuchern, aber auch entlassenen Häftlingen mitgegeben. Ein auf diese Art zustande gekommenes Gedicht existiert noch im Original. Alois Geschwinder erkennt auf dem Kassiber seine Handschrift.[95] Das Gedicht, entstanden um den Jahreswechsel 1941/42, trägt den Titel: „Ein neues Jahr?"

Ein neues Jahr?

Ein neues Jahr? Das ist nicht wahr!
Noch immer beugt ihr eure Nacken
und trottet schweigend in der Schar,
keiner ein Funke, alle Schlacken.
Noch immer betet ihr zu Gott,
daß er euch Glück und Frieden schenke
und gütig euer Schicksal lenke —
und werdet stets als Sklaven tot.

Noch immer werft ihr eure Leiber
als Dünger auf ein fremdes Gut.
Wozu gebären eure Weiber?
Die Willkür peitscht euch bis aufs Blut!
Doch ihr — ihr fürchtet euch zu sterben,
für eine Welt, die euch gehört,
und meidet den, der sich empört;
und müßt ein Leben lang verderben!

Noch immer predigt ihr Geduld
und kriecht im Staub vor starren Götzen,
verkündet Demut, bettelt Huld,
dient blind den blutbespritzten Klötzen!
Noch immer schreckt ihr vor der Tat,
versperrt euch zag in euren Kammern

und liebt das tatenlose Jammern; —
und zeugt die nächste Sklavensaat.

Ein neues Jahr? Ein Sklavenjahr!
Es wird den vielen andren gleichen,
die ihr schon schleppt, der Freiheit bar,
und wird genau so leer verstreichen,
ein Massengrab von Stundenleichen,
die erste wie die letzte schal.
Ein bloßes Mehren einer Zahl.
Ein müdes, ungenütztes Schleichen.

Doch feiert heute rasch ein Fest!
Der Tag ist eines Festes wert!
Berauscht, vergnügt euch, lärmt, vergeßt,
daß nur die Sklaverei sich jährt!
Tut so, als wäre eure Zeit
ein sinnenfroher Jahresreigen
und nicht ein ewig feiges Beugen!
Berauscht, vergnügt euch, taumelt, schreit!

Ein neues Jahr? O eitler Wahn!
Ein neuer Kreis von Hungertagen.
Ein neues Jahr beginnt erst dann,
wenn ihr den Mut habt zuzuschlagen!
Wenn ihr die alte Willkür brecht!
Wenn eure Hände endlich wagen,
die Zuchthausmauern abzutragen!
Wenn ihr erkennt: Ihr seid das Recht!

Alois Geschwinder erinnert sich, daß er während der Zeit der Zellennachbarschaft mit seinem Freund zirka ein Dutzend Gedichte sichergestellt hat. In einem Kassiber vom Dezember 1942 hingegen nimmt Richard Zach selbst eine Zahl von insgesamt rund 30 Gedichten

Alfred Zach nach dem „Polenfeldzug" (1939/40).

In der Schreibstube bei der Hundeersatzstaffel in Salzburg-Maxglan (1942).

Bei der Hundeersatzstaffel in Salzburg-Maxglan (1942). Mitte: Alfred Zach.

an, die durch seinen „Freund T." — der Kosename für Alois Geschwinder war „Teddy" — als gerettet vermutet.[96]

Alfred Zach, der Bruder, wurde Mitte November 1941 wieder zum Militärdienst einberufen, diesmal allerdings in der Heimat, in Salzburg, eingesetzt. In dieser Zeit wurde er während eines Urlaubsaufenthalts in Graz auch einmal von der Gestapo vorgeladen. Da eine Gegenüberstellung mit seinem Bruder aber ergebnislos blieb, wurde er wieder entlassen — mit dem Hinweis, daß ihn nur sein „graues G'wandl" vor einer Verhaftung bewahrt hätte. Das Material Richard Zachs, das in dieser Zeit zu Alfred Zach gelangte, wurde von diesem — wie er erzählt — „noch während der Dienstzeit in Maxglan bei der Hundeersatzstaffel übersetzt, von seinen handschriftlichen Aufzeichnungen auf Maschine geschrieben, abends in der Schreibstube", und „auf diese Art ein zweites Mal sichergestellt". Später wurden Gedichte oder Briefe Richard Zachs auch von Mitgefangenen während der Transporte zu den jeweiligen Haftstätten zwischen Graz, Wien und Berlin übernommen und auch weitergeleitet. Manchmal gab es keine andere Möglichkeit, als sie während der Fahrt einfach zu „verlieren". Aber auch solcherart von sich gegebene Lebenszeichen erreichten oft die dafür bestimmten Empfänger. Einen geringen Teil Zachscher Gedichte übertrug auch die Mutter von Alois Geschwinder in Reinschrift. Unwahrscheinlich aber ist, daß dies die unmittelbare Ursache für ihre Deportation war, doch hatte Frau Geschwinder nach drei Monaten Haft im Konzentrationslager Ravensbrück in gewissem Sinne auch diese mutige Handlung mit ihrem Leben zu bezahlen.[97] Zur Intention seiner auf diese Weise verbreiteten Gedichte notierte Richard Zach in einem etwa im November 1942 an seinen Bruder gerichteten Kassiber unter anderem folgendes:

> Jedes einzelne will einem Zweck dienen, und kann es das jetzt schon, um so besser. Aber am besten werden sie erst dann wirken können, wenn sie laut gesprochen werden dürfen. Dann ist ihre Zeit da! Und bis dorthin *darf* keines der Gestapo in die Hände fallen. Keines, Fredl. Lieber jetzt ganz ruhen lassen, an einer sicheren Stelle. Und kreisen welche, so müssen sie es *namen- und herkunftslos*. Der Name zählt nicht. Daß sie Gedankengut von vielen wären, ist mein tiefer Traum.[98]

Seine brieflichen und lyrischen Aufzeichnungen setzte Richard Zach auch fort, nachdem er am 14. Februar 1942 in das Zuchthaus

Kassiber (braunes Packpapier), ohne Datum.

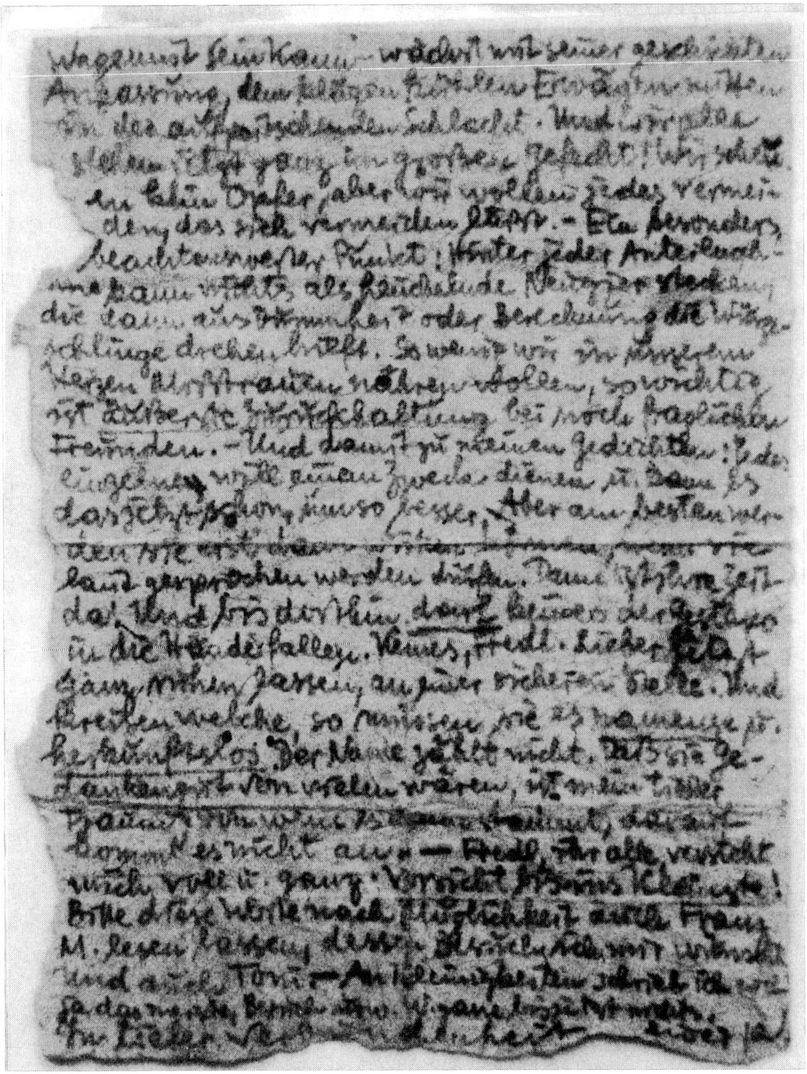

Berlin-Brandenburg beziehungsweise später Berlin-Moabit überstellt worden war. Und es zeigen sich vor allem in seinen verstohlen angefertigten Niederschriften trotz der erlittenen körperlichen und psychischen Qualen immer wieder ein großes Maß an Widerspenstigkeit sowie Aufmunterungsversuche für sich selbst und die Adressaten. Wurde in seiner Heimatstadt das entbehrungsreiche Zellenleben schon durch die brutale körperliche Behandlung durch die NS-Schergen zur Qual, so kam — wie Richard Zach dies in einem Kassiber an seine Eltern beklagt — in der Reichshauptstadt ein weiteres Moment physischer Drangsal dazu, das sich zunehmend auch in seinen Gedichten niederschlägt: „In Berlin ist es ja — abgesehen von allem anderen — ein langsames Verhungern!"[99]

Aufmunterndes Sprüchlein

Wenn mir der Magen heute knurrt,
der arme Schädel brummt von Sorgen,
der Mund schon fast verzweifelt murrt,
dann denk' ich rasch: „Pst. Warte — morgen!"

Wenn dann das Morgen heute ward
und hielt nur noch mehr Not verborgen
und neue Übel aufgespart —
hinunterschlucken! Warte — morgen.

Auf einmal sind wir alles los,
den Schmerz, die Tücke und die Sorgen.
Und bleibt es eine Täuschung bloß —
Geduld — du wirst wohl sehen — morgen!

Anfang Mai 1942 trafen zwei Gnadengesuche von Richards Vater in Berlin ein, eines an den „Führer" und das zweite an den „Reichsminister der Justiz" gerichtet. Mit deren Überprüfung wurde die Oberreichskriegsanwaltschaft in Berlin-Charlottenburg beauftragt. Da dabei aber nicht zuviel oder gar nichts zu erwarten war, veranlaßte die Familie Zach später den Rechtsanwalt und „Justizrat" Dr. Willy Hahn, den Fall ihres Sohnes zu übernehmen. Doch dies und auch weitere Gnadengesuche änderten nichts an der zermürbenden Situation des Eingekerkerten. Wie die Urteilsschrift später bestätigte, wußte man mittlerweile das Format des Inhaftierten angemessen einzuschätzen: „Der Angeklagte Zach ist der geistige Urheber. Er ist intelligent und auffallend schreib- und redegewandt. Er ist ein gefährlicher Agitator für den Kommunismus und kann daher nicht auf Milde rechnen."[100]

Im August 1942 fand eine Verhandlung statt, zu der auch schon Alois Kaindl, Hugo Graubner und Josef Red geladen waren. Die nationalsozialistischen Häscher verstanden ihre Arbeit. Sie hatten die drei Freunde praktisch von ihrem Fronteinsatz weg verhaftet. Während des gemeinsamen Transports vom Gefängnis Berlin-Moabit zum Verhandlungsort ergab sich kurz die Gelegenheit, auch mit Richard Zach ein paar Worte zu wechseln. „Da haben wir uns alle ausgesprochen", erzählt Alois Kaindl, und „was mir vom Richard aufgefallen ist, war seine Haltung — in so einer Situation. Man merkt es ja auch, wieviel er da drinnen geschrieben hat". Im Gerichtssaal saßen die vier jungen Angeklagten in einer Reihe einem Senat von Generälen gegenüber, die die ganze Angelegenheit offensichtlich „nicht so genau" nahmen. „Das war schon alles fixiert", meint Alois Geschwinder. In der Reihenfolge der Belastung hatten Kaindl, Graubner, Red und Richard Zach ihren Werdegang zu schildern. Dabei dürfte einer der Gründe für die Einschätzung der Persönlichkeit Richard Zachs gelegt worden sein. — Alois Kaindl erinnert sich, daß Richard Zach sehr „kompliziert geredet" hat. „Die haben das glatt nicht verstanden. Da hab' ich erst gemerkt, daß die eigentlich nicht so gebildet sind."[101]

Morgen wird der Richter sprechen

Morgen wird der Richter sprechen.
Soll ich leben, muß ich sterben.
Hochverrat heißt mein Verbrechen.
Wollte nur mein Recht erwerben.

Morgen werden sie verkünden,
welches Unrecht ich begangen,
leicht ertrag ich meine „Sünden".
Wollte nur mehr Brot erlangen.

Morgen werde ich wohl hören
ihrer Weisheit letzten Schluß.
Und der Staatsanwalt wird schwören,
daß man mich vernichten muß.

Morgen werd ich ihnen sagen:
Mögen mich zu Tode schinden,
können zehnmal mich erschlagen, —
werde trotzdem nicht verschwinden.

Kurz nachdem es seinem Bruder Alfred Ende Juli, Anfang August gelungen war, dienstlich nach Berlin zu fahren und ihn in Berlin-Moabit zu besuchen, wurde Richard Zach am 18. August 1942 gemeinsam mit Josef Red zum Tode verurteilt, Graubner zu acht, Kaindl zu fünf Jahren Haft. „Wehrkraftzersetzung", „Hochverrat" und „Lostrennung eines zum Reiche gehörigen Gebietes" waren wie in so vielen anderen Urteilsverkündungen die Hauptanklagepunkte. Trotz aller Vorahnungen und Vorausdeutungen mußte der Akt der Urteilssprechung wie für seine Freunde auch für Richard Zach ein schockierendes Erlebnis gewesen sein. Nun war es amtlich: Man ist fest entschlossen, in jedem Fall und vor allem ihn hinzurichten. In seinen Grazer Zellengesprächen mit Alois Geschwinder acht Monate zuvor noch war er überaus optimistisch. Auf seine Chancen angesprochen, soll Richard Zach gesagt haben: „Ha, ich werde es schon so formulieren, es wird mir schon gelingen! Ich rechne halt mit fünf Jahren." Aber schon als er von Graz nach Berlin überstellt wurde, schien ihm seine Zukunftsperspektive klarer geworden zu sein. — Alois Kaindl erinnert sich: „Der Richard muß ein Schreiben von der Gestapo (Graz — Anm. d. Verf.) mitbekommen haben, daß sie ihn (in Berlin — Anm. d. Verf.) hinrichten sollen. Bei der Verhandlung hat man's gemerkt, er selbst hat's mir auch gesagt, nachher, als sie uns zum Gefängnis transportiert haben."[102]

Im Zuchthaus

Ich bin im Zuchthaus gesessen
Und habe Säcke geklebt,

Hab' Rüben und Bohnen gefressen
Und fast an das Leben vergessen
Und trotzdem weitergelebt.

Den Himmel hab' ich gesehen,
Der war hinter Gittern wie ich,
Und manchmal hörte ich Krähen
Und oft des Windes Wehen,
Das klang so wunderlich.

Die Krähen krächzten sich heiser,
Der Wind sang ein Lied dazu;
Da sagte einer mit leiser
Stimme — und der war ein Weiser:
Morgen vielleicht hängst auch Du.

So ist es auch gekommen:
Ich habe Säcke geklebt.
Ihn haben sie mitgenommen.
Er ist nicht wiedergekommen.
Ich aber hab' weitergelebt.

Der 18. August 1942 setzte dann den Schlußstrich unter alle Hoffnungen und Vermutungen. Es war nicht irgendeine Entscheidung, die an diesem Tag gefällt wurde, sie bildete den Auftakt zum Ende eines jungen, kraftvollen Lebens. Bei dem an seine Eltern gerichteten Brief, den zu schreiben Richard Zach am selben Tag offiziell genehmigt wurde, handelt es sich um ein inhaltlich getarntes Schriftstück. In ihm heißt es unter anderem:

„Über mich wurde das härteste Urteil gesprochen, das Todesurteil. Ihr Lieben ..., ich will Euch nicht verschweigen, daß ich erschüttert war ... Ich hatte gerade jetzt so viele Pläne in dichterischer und anderer Hinsicht, ich wollte arbeiten, arbeiten (und dadurch auch sühnen) für die Volksgemeinschaft — aus der ich nun verstoßen werde."[103]

Die hier vorgegaukelte „Reue" liest sich in seinen „inoffiziellen" Niederschriften, etwa den zu diesem Zeitpunkt entstandenen Gedichten, freilich ein wenig anders:

Wie stark erschüttert mich der anderen Bersten —
die eigene Last, sie lähmt mir die Glieder!
Der Schlag, der mich fällen will, scheint mir am schwersten;
denn mich, mich selber schmettert er nieder!
So lange ein Funke Kraft in mir glost —
ich kann mich nicht beugen dem bitteren Los!
Ich muß bezeugen, was in mir tost!
Stürmen — und wäre es aussichtslos.[104]

Sieben Wochen nach der Urteilsverkündung wurden die inhaftierten Freunde nochmals in Berlin-Charlottenburg dem Gericht vorgeführt. Sie sollten zu ihrer Verurteilung Stellung nehmen und die Möglichkeit erhalten, allenfalls um Begnadigung ansuchen zu können. Alle vier Angeklagten nutzten die Gelegenheit — mit unterschiedlichem „Erfolg": Für Red, Graubner und Kaindl wurde das Urteil auf „Frontbewährung" umgewandelt. Richard Zach blieb als einziger zum Tode verurteilt.[105]

Reichskriegsgericht
3. Senat
StPL (HLS) III 75/42
StPL (RKA) I 547/41.

01258

Geheim

32 Abdrucke.
Prüf-Nr. 0003

Im Namen des Deutschen Volkes!

F e l d u r t e i l.

In der Strafsache gegen
1. den Lehrer Richard Z a c h
   aus Graz,
   geboren am 23. 3. 1919 in Graz,
2. den Oberschützen Josef R e d ,
   Inf.Nachr.Ers.Komp.212,
   geboren am 3. 8. 1920 in Gösting bei Graz,
3. den Oberpionier Hugo G r a u b n e r ,
   Eisenbahn-Pionier-Ers.Batl. 3 Hanau,
   geboren am 24. 8. 1912 in Graz,
4. den Jäger Alois K a i n d l ,
   stellv. Generalkommando in Salzburg,
   geboren am 5. 12. 1910 in Graz,

wegen Vorbereitung zum Hochverrat

hat das Reichskriegsgericht, 3. Senat, in der Sitzung vom 17. August 1942, an der teilgenommen haben

als Richter:
  Reichskriegsgerichtsrat Lueben, Verhandlungsleiter,
  Generalleutnant Bertram,
  Generalmajor Bertram,
  Oberst von Limburg,
  Oberstkriegsgerichtsrat Dr. Block,
als Vertreter der Anklage:
  Kriegsgerichtsrat Dr. Lenski,
als Urkundsbeamter:
  Justizoberinspektor d.Lw. Frey,

für

-2-

für Recht erkannt:
Die Angeklagten sind der Vorbereitung zum Hochverrat, der Angeklagte Z a c h zugleich auch der Feindbegünstigung schuldig.

Es werden verurteilt:
die Angeklagten Z a c h und R e d zum Tod und zum dauernden Verlust der bürgerlichen Ehrenrechte,
der Angeklagte G r a u b n e r zu acht Jahren Zuchthaus und zum Verlust der bürgerlichen Ehrenrechte auf 8 Jahre
und der Angeklagte K a i n d l zu 5 Jahren Zuchthaus und zum Verlust der bürgerlichen Ehrenrechte auf 5 Jahre.

Die Angeklagten sind wehrunwürdig.

Die zur Tat gebrauchten Gegenstände (Schreibmaschine, Vervielfältigungsapparat, Tausendfachstempler) und die beschlagnahmten Druckschriften werden eingezogen.

Von   Rechts   wegen.

G r ü n d e .

I.

Die Angeklagten.

1.) Der Angeklagte Z a c h ist am 23. 3. 1919 in Graz als Sohn eines Fassbinders geboren. Er besuchte die Volks- und Hauptschule und dann die Lehrerbildungsanstalt. Im Juni 1938 wurde er Lehrer in Graz. Auf Grund freiwilliger Meldung wurde er.am 29. 11. 1938 zum Flak-Regt. 38 einberufen. Mit diesem Regiment nahm er am Polenfeldzug teil. Er wurde zum Gefreiten befördert. Im Januar 1940 erlitt er während eines Heimaturlaubs einen Skiunfall. Er trug eine schwere Beinverletzung davon, die nach langem Lazarettaufenthalt zu seiner Entlassung wegen Dienstuntauglichkeit am 21. 1. 1941 führte.
Von dem Disziplinarvorgesetzten wird er als strebsamer, dienstsifriger Soldat mit sehr guter Führung beurteilt.
Seit dem 1. 2. 1941 war er wieder Lehrer in Graz.
2.) Der Angeklagte R e d ist am 3. 8. 1920 in Gösting als ausserehelicher Sohn einer Hilfsarbeiterin geboren. Er besuchte die Volksschule, wurde später Hilfsarbeiter, dann Hilfsmonteur und schliesslich Schleifer.
Seit dem 2. 12. 1940 ist er Soldat. Nachdem er ausgebildet war, wurde er einer Gebirgsdivision in Finnland zugeteilt. Er lag an der Murmanskfront, nahm aber an Kampfhandlungen nicht teil.
Seine Führung war gut. Er wird als offener, ehrlicher Charakter und als zuverlässiger, aufgeweckter Soldat bezeichnet.
3.) Der Angeklagte G r a u b n e r ist der Sohn eines Eisendrehers. Er wurde am 24. 8. 1912 in Graz geboren. Nach dem Besuch der Volks- und Bürgerschule wurde er Stempelsetzer.
Seit dem 21. 3. 1941 gehört er der Wehrmacht an. Mit dem Eisenbahn-Pionier-Regt. 1 machte er den Ostfeldzug mit. Seine Führung war sehr gut. Er wird als diensteifriger Soldat und guter Kamerad bezeichnet.
4.) Der Angeklagte K a i n d l ist am 5. 12. 1910 in Graz geboren. Der Vater war Schuhmacher. Nach dem Besuch der Volksschule wurde er Gra-
veur.

Aus der Urteilsbegründung:

II. Sachverhalt

Gegen diese Angeklagten hat das Reichskriegsgericht am 19. Februar 1942 Haftbefehl erlassen und am 22. Mai 1942 die Anklage verfügt, und zwar wegen der Beschuldigung, in den Jahren 1940 und 1941 in Graz und Umgebung fortgesetzt und gemeinschaftlich handelnd ein hochverräterisches Unternehmen vorbereitet zu haben, wobei die Tat zur Vorbereitung des Hochverrats auf Herstellung oder Aufrechterhaltung eines organisatorischen Zusammenhalts und auf Beeinflussung der Massen durch Herstellung oder Verbreitung von Schriften gerichtet war (Verbrechen gegen die §§ 83, 87, 47 RStGB.). (...)

III. Die rechtliche Würdigung

1. Die von den Angeklagten hergestellten und verbreiteten Schriften waren dazu bestimmt, für den kommunistischen Gedanken zu werben und die Einführung einer kommunistischen Staatsverfassung in Deutschland zu betreiben. Dies läßt der Inhalt der Schriften klar erkennen. Die hierin zum Ausdruck gekommenen Bestrebungen waren daher hochverräterisch im Sinne des § 80 StGB. ff.

Als Hochverrat bezeichnet das Gesetz, soweit es hier in Frage kommt, alle Bestrebungen, die darauf hinauslaufen, mit Gewalt oder durch Drohung mit Gewalt die Verfassung des Reichs zu ändern.

Ziel des Kommunismus ist es, die nationalsozialistische Regierungsform in Deutschland zu stürzen. An die Stelle des Führers soll die Herrschaft der Arbeiter- und Soldatenräte nach russisch-bolschewistischem Muster, an die Stelle der deutschen Volksgemeinschaft soll die Diktatur des Proletariats über alle anderen Volksangehörigen treten. Ein derartiges Ziel kann nicht auf verfassungsmäßigem Weg erreicht werden. Deshalb ist die Durchsetzung mit Gewalt geplant.

Jeder, der zum Gelingen eines solchen Umsturzes, sei es auch nur vorbereitend, beizutragen versucht, macht sich des Hochverrats nach § 83 Abs. 2 StGB., schuldig. Handelt er dabei bewußt in Verbindung und Verbundenheit mit Gleichgesinnten, so ist seine Tat darauf gerichtet, einen „organisatorischen Zusammenhalt" im Sinn des § 83 Abs. 3 Nr. 1 StGB. herzustellen.

Ein solcher organisatorischer Zusammenhalt ist vor allem da gegeben, wo Zellen oder Gruppen gebildet werden sollen und wo sich mehrere auch nur zur Aussprache und Fühlungnahme zusammenfinden, um sich in ihrer gemeinsamen kommunistischen Gesinnung zu stärken.

Dies ist bei den Angeklagten der Fall. (...)

IV. Die Strafzumessung

Die Strafen, die gegen die Angeklagten auszusprechen sind, müssen hart sein, weil die Tat im Krieg begangen ist. Der jetzige Krieg, der der Schicksalskampf des ganzen deutschen Volks um Sein und Nichtsein ist, verlangt unbedingten Einsatz aller zur Errringung des Sieges. Wer sich in diesem Krieg für den Kommunismus tätig und werbend einsetzt und die Verfassung des Reichs bekämpft, fällt dem ganzen deutschen Volk in den Rücken. Er muß durch schwere Strafen zur Rechenschaft gezogen werden, schon um ein Umsichgreifen solcher Unternehmen zu unterbinden.

Der Angeklagte *Zach* war der geistige Urheber. Er ist intelligent und auffallend schreib- und redegewandt. Er ist ein gefährlicher Agitator für den Kommunismus und kann deshalb nicht auf Milde rechnen. Seiner Verteidigung, daß er sich immer wieder nach Kräften bemüht habe, ein Anhänger des Nationalsozialismus zu werden, ist nicht zu glauben. Er war von Jugend an — vielleicht auf Grund schlechter sozialer Verhältnisse — Kommunist und ist dieser Überzeugung treu geblieben. Erschwerend ist hierbei, daß nicht einmal die Dienstzeit in der Wehrmacht es vermocht hat, den Angeklagten zur Aufgabe seiner staatsfeindlichen Einstellung zu veranlassen.

Gegen ihn ist daher die Todesstrafe auszusprechen, die dem § 91 b StGB. als dem Gesetz mit der schwereren Strafandrohung zu entnehmen war, daneben nach § 32 StGB. der Verlust der bürgerlichen Ehrenrechte auf Lebenszeit. *Für den Angeklagten Red* spricht zwar, daß er geistig dem Angeklagten Zach nicht gewachsen war und von diesem stark beeinflußt wurde. Er ist auch unter schlechten sozialen Verhältnissen aufgewachsen. Der Senat glaubt ihm auch, daß er durch seine einwandfreie Dienstzeit bei der Wehrmacht und das Zusammenleben mit den Kameraden zu einer besseren Ansicht gekommen ist und seine früheren kommunistischen Pläne endgültig aufgegeben hat. Diese Gesichtspunkte müssen aber zurücktreten gegenüber der Tatsache, daß er sich eifrig und rührig um das Zustandekommen der Flugblätter bemüht und Schreibmaschine und Vervielfältigungsapparat beschafft hat. Deshalb hält der Senat auch bei ihm die Todesstrafe mit Ehrverlust auf Lebenszeit für erforderlich.

Demgegenüber wiegt die Tat der beiden anderen Angeklagten *Graubner* und *Kaindl* erheblich leichter. Beide sind von Zach und Red hereingezogen worden. Sie waren nicht aus eigenem Entschluß tätig und haben nur eine ausführende Tätigkeit entwickelt. Dazu kommt, daß beide ordentliche Soldaten geworden sind, die nach Ansicht des Senats ihren Mann in der Front stehen würden, wenn sie hierzu Gelegenheit haben sollten. Ihre Verteidigung, daß sie durch eigenes Erleben in der Zwischenzeit zu anderer innerer Einstellung gekommen und heute Anhänger der jetzigen Staatsverfassung seien, wird ihnen geglaubt. Bei Kaindl ist außerdem zu berücksichtigen, daß er im Verhältnis zu den Mitangeklagten nur in geringem Umfang tätig gewesen ist.

Immerhin darf aus den eingangs gesagten Gründen die Strafe nicht zu gering sein.

Für *Graubner* ist eine Strafe von acht Jahren Zuchthaus, für *Kaindl* eine solche von fünf Jahren Zuchthaus angemessen. Beiden werden außerdem die bürgerlichen Ehrenrechte auf acht beziehungsweise fünf Jahre aberkannt.

Sämtlichen Angeklagten ist nach § 31 MStGB. die Wehrwürdigkeit abzusprechen.

Die Einziehung der zur Tat benutzten Gegenstände und der Druckschriften ergibt sich aus den §§ 40, 86 a StGB.

Gez. Lüeben, Bertram, Bertram, von Limburg, Block.

Den Kopf erhoben

Den Kopf erhoben, frei und klar im Blick,
wenn es nun an das Sterben gehen soll!
Und droht uns auch das düsterste Geschick,
begeifert uns auch unverdienter Groll —

verzweifeln wird die Seele dennoch nie,
im Tod Vergessen und Erlösung suchen.
Sie weiß es, daß sie zielstrebig gedieh,
mag jetzt der kleinlich-trübe Tag verfluchen.

Verpflichtung — Stoff und Werk — war uns dies Sein.
Mit jeder Faser sind wir ihm verbunden.
Und durften wir uns ihm nicht Jahre weihn,
in frohem Schmerz gedenken wir der Stunden.

Wie schöner Reichtum ward an uns verschwendet!
Doch eben darum ringen wir nicht wild
die Hände; endet viel auch unvollendet:
Der Glaube, daß wir nützen, ist uns Schild.

Und niemals werden sie uns zittern sehn,
die fühllos uns am Scheiterstoß verbrennen.
Wir wollen aufrecht, stark zur Richtstatt gehn.
Wer leben konnte, muß auch sterben können!

Schaffensfieber

Den Einbruch, den die Urteilsverkündung für ihn darstellen mußte, versuchte der junge Richard Zach in einem Gedichtzyklus lyrisch einzufangen. Empfindungen und Erkenntnis durchdringen sich dabei und werden bruchstückhaft in den großen Rahmen allgemeiner Lebensbetrachtungen mitaufgenommen. „Mein Ziel ist groß genug, dafür zu sterben", schlußfolgert der Todeskandidat im vierten Teil seiner „Bruchstücke zum 18. August". Es scheint, als mußte sich Richard Zach nun alles von der Seele wegschreiben, um seine Lage immer wieder neu bewältigen zu können. Er dichtete fortan wie in einem Schaffensfieber. Denn es konnte ja nur eine Frage der Zeit sein, wann man ihn von der ihm einzig verbliebenen Möglichkeit, sich mitzuteilen, fortriß. Erleichtert wurde ihm dies dadurch, daß er seit geraumer Zeit im Berliner Gefängnis Schreiberlaubnis hatte. Freilich konnte er dabei seinen Gedanken trotzdem nicht vollkommen freien Lauf lassen. In der Hoffnung, daß sie irgendwann doch in die Freiheit dringen, mußten politische Gedichte verschlüsselt oder auf eine für die NS-Schergen

 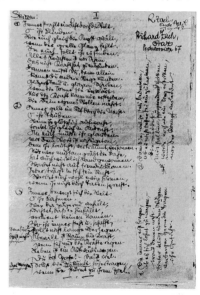

Umschlag und eine Seite aus den lyrischen Aufzeichnungen in Berlin.

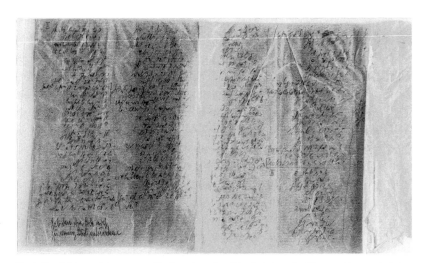
Drei Gedichte auf braunem Kraftpackpapier (Bucheinband). Von rechts nach links stenografiert.

unkenntliche Art festgehalten und plaziert werden. Manche politisch provozierenden Gedichte wurden beispielsweise auf die Innenseite eines Buchumschlags oder in einem sich offiziell im Umlauf befindenden Gedichtband zwischen dort abgedruckten Gedichten seitlich verkehrt stenografiert. Andere wiederum hatte Richard Zach, wie aus einer Kassibernotiz hervorgeht, „beim Rechtsanwalt zwischen ganz ‚unpolitischen' eingeschoben". Durch den Rechtsanwalt Dr. Hahn gelangten später auch viele seiner „noch in Akten befindliche(n) Gedichte und sonstige Arbeiten" an den Bruder Alfred.[106]

Und wenn ich sterbe

Und wenn ich sterbe,
weine nicht, mein Bruder.
Du sollst nicht glauben, daß ich jammernd fiel,
und stürzte ich auch fern von meinem Ziel.
Der Weg war steil, Abgründe drohten,

oft lösten sich die Steine unter'm Fuß.
Doch rote Sonnenfeuer lohten;
ihr Anblick lohnte Not, Gefahr, Verdruß.
Nie kann der Nebel Licht ersticken
mit seinem alltagsgrauen Leichentuch.
Und ende ich, gefällt von Tücken,
erwürgt mein Wollen doch kein Fluch.
Das Herz steht still, die toten Lippen — lächeln.
Merk auf! Auch Du, auch Du sollst lächeln.
Denn ich verderbe nicht, mein Bruder.

Und wenn ich sterbe,
klage nicht, mein Bruder.
Denn immer sterben, die man liebt, zu früh.
Es lügt, wer sagt, umsonst war meine Müh.
Ob ich in manchen Stunden stöhnte —
ich seufze auch vor tränenfroher Lust.
Ob ich das Leben selbst verhöhnte —
es pochte tiefes Glück in meiner Brust.
Ich gab — und es ist schön gewesen.
Ich danke den begrenzten Spenden.
Ich nahm. — Viel wäre noch zu lesen.
Doch Wunder hielt ich in den Händen.
Versiegt der Born. Dennoch — wie war ich reich!
Begreifst Du? Meine Züge schweigen weich.
Denn ich verderbe nicht, mein Bruder.

Und wenn ich sterbe,
fluche nicht, mein Bruder.
Denn tausend Bess're würgte sich die Nacht,
und haben alle kühn dem Tod gelacht,
weil sie es wußten, Neue kommen,
die — seien sie uns fern und unbekannt —
mit heil'gem Erbe, unsrem Grab entnommen,
sich aufwärts kämpfen, sonnenzugewandt;

Die Fackel der Erkenntnis heben
und finden, was die Zeit uns vorenthielt.
Mein Bruder! Schreite Du daneben.
Wie meine Seele diesen Weg umspielt!
Kalt bin ich? Laßt vermodern mein Gebein.
Mein heißer Atem weht durch ewges Sein!
Denn ich verderbe nicht, mein Bruder!

In einem Brief vom 1. September 1942 zog Richard Zach ein Resümee über sein bisheriges Schaffen, versuchte dabei eine mögliche grobe Gliederung und deutete in Umrissen weitere Pläne an. Sein Hauptwerk, die Gedichte, unterteilte er dabei in vier große Themenkreise: „Dem Leben", „Die Entblößten", „Das neue Werk" und „Ich lebe doch", von denen vermutlich der Großteil gerettet werden konnte. Von den weiters angeführten ist nur einer vollständig erhalten: „Der Gesang vom gesuchten Weg", andere sind bruchstückhaft verstreut oder gar nicht mehr auffindbar. Aus dem Brief geht auch hervor, daß sich Richard Zach nicht nur mit Lyrik beschäftigte, sondern auch epische und dramatische Stoffe gestalten wollte:

> Ach, was ich nicht alles wollte, nicht alles *will*, will bis in die letzte Sekunde. „Ein Spiel (chorisch) von der ewigen Revolution", ein, ein (...) Vermag dieser Wille Gräber zu erschüttern und Henker zur Abkehr zu zwingen? Ist es nur der übersprudelnde Schwall des Brunnens, der sich nicht verstopfen lassen will und doch vor dem Versiegen steht?[107]

Solche quälenden Gedanken finden auch Eingang in die Gedichte Richard Zachs, die er während der Berliner Haft auf schönst und eng beschriebenen A-5-Blättern unter dem jeweiligen Datum Tag für Tag festhielt. Diese Sammlung ist praktisch ein lyrisch gehaltenes Tagebuch des Zellenlebens mit all seinen Höhen und Tiefen. Die darin enthaltenen Gedichte stellen den wohl schönsten Teil seines Werkes dar, weil sie in zeitlich und räumlich komprimiertester Form die Gedanken- und Gefühlswelt des jungen Richard Zach aus seiner schwersten Zeit nahebringen. „Die Wahl war bedingt. Doch jedes Stück", schreibt er in jenem Brief, „sproß auch so — trotzdem — aus unmittelbarem Erleben. Aus Vergangenem, Gegenwärtigem — ist nicht alles ewige Gegenwart, das uns beschäftigt, *jetzt* beschäftigt?" Die meisten der

Oben: Kassiber (gelbes Papier), ohne Datum.

Gedichtskizzen in Steno (gelbes Papier).

überlieferten Gedichte, insgesamt sind es weit mehr als 800, entstanden auch während der Haftzeit. Doch was auf Grund der entsprechenden Entstehungsbedingungen eigentlich selbstverständlich sein müßte, darauf weist Richard Zach selbst immer wieder hin. Seine Gedichte seien notgedrungen „Versuche und Skizzen", die erst später, „wenn sie laut gesprochen werden dürfen", auch „formal zu sichten" sind.[108]

> Sie müssen künstlerisch sehr unvollkommen bleiben — doch sie entbrannten aus den Augenblicken der Zellenenge und wollen dem, der sie mit innerer Bereitschaft liest, dies vermitteln: den lohnenden Glauben, die unvollkommene Berührung mit einer entblößten Seele. Mag daraus jeder mein Pulsen fühlen, auch dann, wenn ich schon lange Asche sein soll. Ich will aus den Gedichten weiterreden zu jedem, den es zu hören verlangt, nicht als Prediger oder weiser Verkünder, nur als einer von den Tausenden, die gleich erlebten, ihr Hall und Widerhall. Darum erwähne ich meine Gedichte überhaupt.[109]

In so einer Situation waren Nachrichten über die Schicksale von Freunden und Genossen sicherlich nicht dazu angetan, den doch immer wieder Hoffenden zu ermutigen. Mittlerweile hatte man ja auch schon das Grazer Netz der „Alten" ausgehoben. Neben vielen anderen KPÖ-Mitgliedern wurden Eichholzer, Drews, Weiss und auch der Vater von Elfriede Neuhold vom Volksgerichtshof zum Tode verurteilt. Die Hinrichtungen wurden öffentlich bekanntgegeben. Josef Neuhold starb jedoch bereits Wochen vorher, am 25. August 1942, infolge der Mißhandlungen durch die Gestapo. Kaindl, Graubner und Red, die zur Frontbewährung in die Einheit der „Fünfhunderter" einrücken mußten, waren durch ein Begleitschreiben an ihren Einsatzorten als „Politische" abgestempelt und ausgegrenzt. Red und Graubner mußten später für den „Führer" ihr junges Leben lassen, Alois Kaindl verlor beide Beine, Richard Zach sollte dies jedoch nicht mehr erfahren. Ende November, Anfang Dezember 1942 wurde er noch einmal nach Graz gebracht, um in einer Verhandlung seines antifaschistischen Freundes Friedrich Grießl auszusagen. Auch dieser blieb von der ärgsten Strafe nicht verschont. Die letzten Zeilen der Urteilsschrift gegen Friedrich Grießl bringen die zutiefst menschenfeindliche Haltung der Nazi-Schergen zum Ausdruck: „Er muß deshalb und im Interesse der Sicherheit des Reiches und der kämpfenden Front ausgetilgt" werden.[110]

Auf die Sprache der Henker, die hier unverblümt zum Vorschein kommt, reagierte Richard Zach nicht nur mit Trotz oder Widerspenstigkeit. Er setzte ihr in vielen Gedichten auch die Sprache des Lebens, der Wärme und Brüderlichkeit entgegen. Sein Gedicht „Dem zum Tod verurteilten Genossen", entstanden im Dezember 1942, bezieht sich höchstwahrscheinlich auf das Ergebnis der Verhandlung gegen Friedrich Grießl.

Dem zum Tod verurteilten Genossen

Wenn ich mit meinem Leibe noch den Deinen,
mit meiner Brust die Deine decken könnte!
O Freund, was hilft jetzt Fluchen, Suchen, Weinen?
Das bändigt nicht die Willkür, die uns trennte.
Nur eins steht sieghaft über allem Peinen:
Ob ich ohnmächtig sinke so wie Du —
uns wird die freie Tat ewig dem Leben einen,
trotz dunklen Grüften, trotz der Todesruh!
Laß uns im Geist die Hände nochmals drücken.
Die Henker, die uns schamlos auseinanderreißen,
sie rauben viel! Doch nie wird ihnen glücken,
uns zu vernichten. Du wirst Sieger heißen!

Die individuelle Lage schien sich nur zu verschlimmern. Dennoch oder gerade deswegen benutzte Richard Zach seine Haftzeit in der Heimatstadt sogleich dazu, Angehörige wie Genossen besorgt zu bitten, sich durch sein „Schicksal nie zu unüberlegten Handlungen verleiten" zu lassen. Zugleich ersuchte er, Rechtsanwalt Dr. Hahn zum neuerlichen Verfassen eines Gnadengesuches zu drängen: „Dr. Hahn soll sich nur bemühen, verlangt ja auch genug."[111] Seine eigene Unterschrift auf dem dann ausgefertigten Antrag rechtfertigt Richard Zach in einem im Dezember 1942 verfaßten Kassiber folgendermaßen:

„Sie verstehen ihren Büttelberuf. Doch wie schwer es auch drückte, belastete, beklemmte ..., es war nicht schwerer als für die vielen Genossen, es war leichter als für Hunderte. Ihr könnt Euch die täglichen, stündlichen Quälereien nicht vorstellen ... Warum ich dennoch ein Gnadengesuch unterschrieb, diesen Richtern gegenüber? Wahrhaftig nicht, um mich in sonnigen Gespinsten vor feiger Todesfurcht einzudrehen! Einzig, weil ich um jede Spanne Leben mit jedem Mittel ringen werde, so lange nur eine Fiber meines Körpers und meiner Seele zuckt, mit jedem Mittel, wie auch die Blutschergen mit jedem Mittel unterdrücken!"[112]

Rund einen Monat später resümiert er den negativen Ausgang des Gesuches: „Doch die kleine Bitte verschwindet vor dem großen Geschick unserer Wendezeit."[113]

Verrücktes Lied

Was kümmert mich, was kümmert mich,
ob sie mich morgen hängen!
Noch lebe ich und hoffe ich,
die Ketten doch zu sprengen!
Vielleicht wird heute in der Nacht
der Henker plötzlich umgebracht!
Vielleicht beschließt der hohe Rat,
es wäre um mein Köpfchen schad!
(Gewiß, das ist's ja in der Tat!)
Ich will ihn nicht, ich will ihn nicht
zu einem Urteil drängen.

In einem Tag, in einem Tag,
kann mancherlei geschehen!
Mit einem Schlag und ohne Frag'
der ganze Spuk verwehen.
Was soll nicht schon gewesen sein?
Vielleicht stürzt eine Mauer ein!
Vielleicht auch rettet mich davon
die langersehnte Rebellion!
(Es wäre ziemlich dringend schon.)
Das wollte ich, das wollte ich
am wenigsten verschmähen!

Ihr meint bedrückt, ich sei verrückt,
so schnell kann sich nichts wenden.
Nun denn — mißglückt! Nun denn — mißglückt.
Dann muß ich eben enden!

Heut aber pfeif' ich doch mein Lied!
Vielleicht... Wer weiß, was noch geschieht?
Erst wenn der Strick den Atem nimmt,
die schöne Welt vor mir verschwimmt,
find ich mich ab — und dann bestimmt.
Und winke euch, und winke euch
noch einmal mit den Händen.

Im Jänner 1943 konnte sich Richard Zach in Graz noch ein letztes Mal seiner ebenfalls inhaftierten Freundin „Herma" verständlich machen. Hermine Kohlhauser erinnert sich: „Ich bin hinuntergekommen in diesen Hof und — nachdem ich damals sehr jung war, hat man mir das Vorturnen übertragen — da auf einmal hör' ich ein Pfeifen: ‚Wenn ich, mein Schatz, nicht rufen darf', und da hab' ich gewußt, der Richard ist in Graz." Am 14. Jänner wurde Richard Zach dann von Graz überraschend weggeholt und traf nach einem längeren Transport am 23. desselben Monats in Berlin-Moabit ein, wo ihm die Urteilsbestätigung ausgehändigt wurde. Alles, sogar der Tod, mußte bei den Nationalsozialisten seine bürokratische Ordnung haben. Zwei Tage später wurde Richard Zach wieder nach Berlin-Brandenburg überstellt. Seine letzten Briefe und Gedichte sind immer wieder durchdrungen von „unkonventionellem Rat" — wie er ein Gedicht betitelt — an Eltern, Freunde und Genossen: „Fegt die Trauermienen fort! / Wenn es noch so elend steht — / ein beherztes, frohes Wort / schändet nie das Sterbebett!"[114] Freilich konnte es eine gewisse Stärkung bedeuten, sich — wie in dieser Strophe zum Ausdruck kommt — trotz der eigenen aussichtslosen Lage in die Rolle des Trösters zu versetzen. Wie die Aussagen von Mitgefangenen bezeugen stets auch die brieflichen und lyrischen Aufzeichnungen Richard Zachs seine bis zur Hinrichtung grundsätzlich mutige und ungebrochene Haltung, die er teils in sarkastischer, teils in pathetischer Form in den Rahmen des für ihn doch stets siegreichen Lebens einbettete.

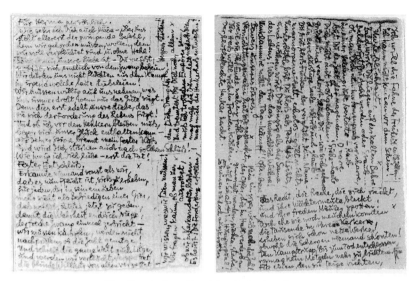

Kassiber (gelbes Kanzleipapier), ohne Datum.

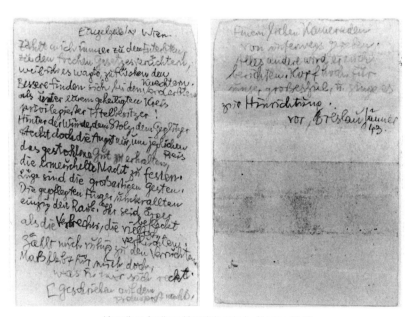

Kassiber (gelbes Kanzleipapier), Jänner 1943.

Darum

Darum ist keine Qual zu groß
und jedes Opfer zu ertragen:
weil sich ein neues Sein erschloß
den Kämpfern, die der Haß erschlagen,
die Übermacht gemetzelt hat;
weil ihre Sendung noch im Sinken
sie edelte; weil ihre Tat
fortleuchten wird wie Waffenblinken,
wie Essenglut, in der gediegen
die Wehr geschmiedet wird den Streitern,
die einmal allen Zwang besiegen
und frei und kühn die Welt erweitern
und uns, die Henkerwut zerbrach,
im wahren Werte aufleben lassen!
Darum ist duldbar jede Schmach,
und alles Drohen muß verblassen!

Der Inhalt solcher Verse findet seine Entsprechung in den abschließenden Zeilen seines letzten Briefes — gerichtet an seine Freundin „Herma", geschrieben nur wenige Stunden vor der Hinrichtung[115]:

Abend wird es bald. Der letzte Brief ist geschrieben. Es dämmert — doch die Sonne geht wieder auf. Viele, viele Küsse
Dir und allen Euer, immer Euer Richard

Für das Aufgehen der Sonne, die zwei Jahre später wirklich über einem vom faschistischen Joch befreiten, demokratischen Österreich zu scheinen beginnen sollte, hatte auch er seinen Beitrag geleistet und — sein Leben gegeben. Der Gefängnisgeistliche schrieb in einem Brief an die Eltern über Richard Zach, daß dieser jeden übernatürlichen Trost und jede konfessionelle Bindung ablehnte, und: „Den letzten Gang trat er ernst, aber ruhig und gefaßt an."[116] Ein unbekannter F. H., der

Letzter Brief aus dem Gefängnis, wenige Stunden vor der Hinrichtung (27. Jänner 1943).

wohl und sage Dir deutlich, auf daß Du es nie vergessest: Lebe, wie Du leben mußt! Dem Lebenbist Du verpflichtet, keinem Toten! Willst Du, daß dieser Tote lebendig bleibt für Dich und Dein Streben, dann halte sein Andenken lebendig, dann glaube stets an das Leben! Arbeite, denn alles Gesunde drängt zur erhöhenden veredelnden Tätigkeit. Auch so bist Du mir nur süß. Freude hat sich erst an, was du in Deiner Zukunft gestalten willst. Unendlich reich ist das Feld, das Dir wahrscheinlich noch offen steht, du mußt nur die Schätze sehen, die dort Deiner harren. Und damit Du nicht verschwommen erblickst, reine Deine Augen von Tränen. „Mein Tod darf nichts in Dir zerstören!" Fenny, daß ich so enden muß. Du sollst entstehen diesem Leben, gestählt, gereifter, im Entschluß! Es werden sich die Trauerschatten, die in den ersten Tagen größer werden, daß sie Dir nichts mehr hören, weil ich Dir liebe, jäh verblich. Preßt weiter doch der Drang durch Dich, das Streben, das uns beide sich! In Deiner Seele glüht mein Kurs! / So lebe, leb' jetzt auch für mich!"
Grüße nur die Welt, grüße nur die Gefährten, die Sonne und den Grashalm und das All! Aber nicht mit beklommen zagender Stimme – das Vertrauen auf die Aufwärtsentwicklung muß daraus klingen. Ziehe Dich nicht verhärmt zurück, empfange bereit jeden Eindruck, als sei ich bei Dir. Denn ich bin nicht in Dir. Du, die mir so eng verwandt war, stehe zu denen, die mir ebenso verwandt sind, meinen Eltern als Tochter für ihren Sohn, allen Ungenannten als Kamerad für den nun genommenen Kameraden. Schließe Dich an meine Gefährten, Henna, wenn sich düstere Augenblicke schleichen, daß es Dir leichter werde. Rede Dich mit Dolli aus. Frage Deine gesunde Seele um Rat, wenn Dich einmal das Geschick verwirrt, und es wird so sein als sprächest Du mit Deinem Richard. – Ich bin ganz ruhig und will es bis zum letzten Augenblick sein. Ich habe einen moralischen Halt, den Du, den Ihr alle genau so haben müßt und könnt, der auch euch Ruhe gewähren wird. Mein Inneres liegt vor euch offen, meine Hinterlassenschaft, die Gedichte, lassen sich auch nach meinem Tod stets darin blicken. Horcht auf, daß ich immer zu euch sprechen kann. Findet euch. Alle sterben, aber das Gute, Glühende wird weiterleben. In euch kann ich verwurzelt bleiben, wenn ihr mit Fassung ertragt und eure weiteren Tage nützt. Du, ein geliebtes Mädel, wirst in all Deiner Jugend nicht knicken. Zeige jetzt Dein echt so gediegenen Kern, wenn andere vor Schmerz zittern, und lasse an Deinem gesammelten Überschwung Bespiel finden. – Lächelnd sah ich Dich zum letzten Mal trotz Deiner schweren Lage, und wenn auch, als du mich zum letzten Mal neckst, deine Stimme erschüttert tönte – wie meine, als ich Dir überrascht und erregt antwortete – Dein lächelndes Gesicht soll mir nunmehr meinen letzten Stunden vor Augen stehen. Ich sehe euch alle noch einmal jeden einzelnen, ich drücke euch alle noch einmal fest die Hand. Henna, grüße mir Dolli, grüße den glücklicheren Heinz, Teddy, Frieda, Elli, Fini, Alma, alle alle Unaufgezählten. Grüße die Zukunft. – Abend wird es bald. Der letzte Brief ist geschrieben. Es dämmert – doch die Sonne geht wieder auf. Viele viele Küsse
Du sind allen Eltern, immer Euer
Richard.

ebenfalls im Transport von Graz nach Berlin war, kam dem Wunsch Richard Zachs nach und teilte den Eltern vier Monate nach dessen Tod unter anderem folgendes mit:

> Ich fand in Ihrem Sohne einen tatsächlich seltenen Charakter. Ich besitze die Überzeugung, daß er Ihnen ein ganz besonders guter Sohn gewesen sein muß, der an seinen Eltern mit besonderer Liebe hing. Er war Kommunist und als solcher von der Berechtigung und Lauterkeit unseres Kampfes zutiefst durchdrungen. Er bat mich: „Sage meinen Eltern, daß ich ihnen keine Schande machen werde, ich werde sterben, wie es sich für einen Kommunisten geziemt." Ich glaube, daß er noch bis zum letzten auf eine Begnadigung gehofft hatte. Er hing am Leben, wie nur ein Vierundzwanzigjähriger das Leben lieben kann. Niemals jedoch zeigte er Todesfurcht, nur eine leise Traurigkeit und Schmerzlichkeit. Ich bin glücklich, daß ich ihm in Berlin noch mehrere Bücher zum Lesen verschaffen konnte. Vor Berlin, der dortigen Behandlung, den Zellen, dem Hunger, hatte er Angst. Leider ist man im Reich nicht allzu menschlich. Vom endgültigen Geschick Ihres Sohnes erfuhr ich, als ich wieder in Graz war.[117]

Am Abend des 27. Jänner 1943 — knappe zwei Monate vor seinem 24. Geburtstag — wurde Richard Zach, der selbst, wie er bekannte, „nie gegen das Leben verstoßen" wollte, in Berlin-Brandenburg hingerichtet. Seine Leiche wurde am 3. Februar eingeäschert. Der ihm zur Last gelegten „Schuld", „geistiger Urheber" von antifaschistisch, und darüber hinaus radikal-humanistisch agierenden Gemeinschaften junger Menschen in seiner Heimatstadt Graz und ihrer Umgebung gewesen zu sein, entsprach wohl auch die Reaktion seiner Feinde, den Antrag des Vaters auf Auslieferung des eingeäscherten Leichnams abzulehnen.[118]

Erst am 16. Oktober 1947, also rund zwei Jahre nach Kriegsende, gelang es durch Alfred Zachs Bemühungen, die Zustimmung aller zuständigen Stellen zu erreichen — „und das waren damals viele", wie er versichert —, die Urne mit der Asche Richard Zachs von Berlin-Brandenburg nach Graz zu überführen, wo auch Angehörige und Freunde von dem Toten am 17. November desselben Jahres „in einer eindrucksvollen Feier" Abschied nehmen konnten.[119]

Was soll ich...

Was soll ich um mein Leben rechten?
Ich hab' gewagt, hab' nicht gefragt,
ob's gut ist, wenn man alles wagt,
und ob die Taten Zinsen brächten!

Bequemer wäre es gewesen,
den Kopf zu senken, klug zu lächeln,
die Knie verrenken, Demut fächeln
und kein verbotenes Buch zu lesen.

Die Möglichkeit stand häufig offen,
sich wirklich gut und weich zu betten,
den eigenen schönen Kopf zu retten
und auf Beförderung zu hoffen.

Ich bin den anderen Weg gegangen.
Verzeiht — es tut mir gar nicht leid,
obwohl es elend steht zur Zeit.
Wird keiner um sein Leben bangen,

der weiß, wozu er es verwendet,
bedachte, was sein Glaube wiegt.
Er hat am Ende doch gesiegt,
und wenn er auf der Richtstatt endet!

Die Jahre vorher und die Tage —
nicht ihre Zahl, nur ihr Gehalt —
läßt trotzen jeglicher Gewalt,
gewährt uns Kraft in schwerster Lage!

Es leben manche hundert Jahre,
das heißt, sie schlängeln sich dahin.
Gegönnt sei ihnen ihr Gewinn
und eine schöne Totenbahre.

Ich habe heute viel verloren,
wer weiß, verliere noch den Kopf.
Doch tauscht' ich nicht mit solchem Tropf,
und würd' ich noch einmal geboren!

Ich ahnte, wie die Feinde seien,
erhoffte nie ein leichtes Spiel.
Doch was ich will, ist viel zu viel!
Was soll ich um mein Leben schreien?

Das Werk

Überblickt man die Gedichte des Nachlasses, und bezieht man dabei den kurzen Zeitraum von wenig mehr als einem Jahr sowie die bereits skizzierten Bedingungen ihrer Entstehung mit ein, so muß man die geistige und künstlerische Spannweite bewundern, die mancher Lyriker, unter „normalen" Verhältnissen schreibend, vermutlich nicht für sein Lebenswerk beanspruchen könnte. Sofern bei dem jungen Richard Zach überhaupt von einem „Lebenswerk" gesprochen werden kann, reicht es vom zarten Natur- und Liebesgedicht bis zum schmetternden Pamphlet, von der lyrischen Gestaltung einzelner Menschenschicksale bis zu fast hymnisch anmutenden Lobgesängen auf das Leben, vom knapp formulierten Spruch bis zum umfassenden philosophischen Gedicht. Richard Zach verstand es, bewußt und unbewußt, verschiedene Strömungen und Traditionen der deutschsprachigen Literatur aufzugreifen und diese, unter Einbeziehung der ihm gegenwärtigen gesellschaftspolitischen Entwicklung, oft auf neue Art fruchtbringend zu gestalten. Er probierte unterschiedlichste Formen der Vers-, Reim- und Rhythmusgestaltung, die sichtlich nie unabhängig vom jeweiligen Gedichtinhalt entstanden. Dazu liebte er Sprachexperimente, die etwa in sprachlichen Neuschöpfungen oder Ableitungen zum Ausdruck kommen.

Der Gedanke, der auf unterschiedliche Weise fast alle Gedichte oder Themenkreise durchzieht, handelt von ständiger Kritik am Blind-, Taub- und Lahmsein und der Aufforderung zum Schauen, Hören und Tätigsein. Die Aktivität bildet das verbindende zentrale Moment, wenn diese beiden Elemente in ihrem Entwicklungszusammenhang als reale Gegebenheiten oder Möglichkeiten dargestellt werden. Mit vielen Gedichten steht Richard Zach auch in der Tradition der Literatur der Arbeiterbewegung. — „Auch wenn uns heute das kämpferische Pathos mancher Gedichte von Richard Zach fremd sein mag", schreibt der Literaturwissenschafter Hans Höller, „weil die Arbeiterbewegung nicht mehr jenes heroische Selbstbewußtsein kennt". Es ist zugleich aber auch ein „bewegendes Pathos", wie es Höller beschreibt, „das aus einer tiefen Verbundenheit mit den geplagten Menschen, aus dem Zorn über das Unrecht und der Hoffnung auf Befreiung entspringt".[120]

Nimmt man Richard Zachs bereits erwähnten Brief vom 1.

September 1942 als Grundlage, so scheint es gerechtfertigt, stellvertretend für das Gesamtwerk einen kurzen Überblick über die dort angeführten vier großen Themenkreise zu wagen. Da diese nicht nur den größten, sondern vermutlich auch den wichtigsten Ausschnitt aus seinem lyrischen Schaffen darstellen, sollen ihre wesentlichen Inhalte hier kurz konkretisiert werden.

Von der Bewegung

Nimmer ruhen die Gezeiten.
Immer strömt die große Flut.
Sterne schwingen in die Weiten.
Sonnen sinken, rot wie Blut.
Sonnen steigen, hell wie Erz.
Wolken wandern windgetrieben.
Welten zucken wie ein Herz
und gebären und zerstieben.

Strahlen eilen durch die Räume.
Töne dringen aus dem Grund.
Auf den Wellen wiegen Schäume,
dunsten durch die Lüfte; und
Regung lebt in jeder Kleinheit
und Bewegung ewiglich,
wird zum All in solcher Einheit. —
Mitten drinnen pulse ich.

Im ersten Themenkreis „Dem Leben", schreibt Richard Zach, „plante ich ein großes persönliches Bekenntnis zum sieghaften Werden mit seinen tausend kleinen Wundern". Handelte es sich zuerst um die vielen, unzähligen Objekte der Natur, die es in ihrer Schönheit zu bewundern galt, die Richard Zach nach eigenen Worten „nicht schildern", sondern „besingen" wollte: „Es ist ein Wunder,/wenn ein Baum blüht" usw., so war es später die Entdeckung der der Natur als Ganzes innewohnenden Gesetze der Wandlung und Entwicklung — die

Erkenntnis, daß das gesamte Leben im Einklang mit dieser Natur steht: „Regung lebt in jeder Kleinheit/und Bewegung ewiglich,/wird zum All in seiner Einheit. —/Mitten drinnen pulse ich." Der Mensch als Teil der Natur kann, ja er muß, will er Mensch werden, sich über diese erheben, um in positivem Sinne sich und die menschliche Gesellschaft weiter und höher entwickeln zu können: „Es muß einen allumfassenden Willen zum Fortschritt geben". „Der für die Entwicklung notwendig widersprüchlichen Einheit Natur-Mensch-Gesellschaft entsprach das „große, persönliche Bekenntnis" des Menschen und Dichters Richard Zach. Es birgt eine grundsätzlich „unzerstörbare Leiter", dieses „Leben" — „welch wunderbares, kraftpulsendes Wort", auf der fortwährend auch — in Zachs Worten — der „Kampf der Geborenen mit den Gebärern" ausgetragen wird. — Doch: „Die große Richtung bleibt erhalten,/die Reihe der Eroberer reißt nie./Der Strom versiegt nicht, mag er sich auch spalten./Die Gräber dämpfen kaum die Melodie." Für Richard Zach schien auch klar gewesen zu sein, welcher Teil der Menschheit der „Ewigkeit" angehören wird, daß von den hier und anderswo Ringenden immer der beste Teil über- und weiterlebt, weiterschafft. Auf die ihm gegenwärtigen gesellschaftlichen Verhältnisse bezogen: „Tote — weint ihr — Verlor'ne? Ich sage euch: *Saat!*"[121]

Die Dialektik in der Betrachtungsweise Richard Zachs ist augenscheinlich. Offensichtlich dabei ist der Versuch, zu einem wissenschaftlichen Verständnis von Natur- und Gesellschaftsentwicklung zu gelangen, mit dem Richard Zach auch an Grundzüge des dialektischen und historischen Materialismus von Karl Marx und Friedrich Engels anschließt. Dieser Themenkreis ist demnach jener, der wegen seiner inhaltlichen Weite und Ausrichtung alle anderen gewissermaßen umschließt, zugleich „Anfang und Ende" im Zachschen Gedicht darstellt.

Vom Fruchten

Und Hände bergen sorglich jede Frucht,
daß keine faule im vergilbten Laube.
Der frohe Blick der Pflücker faßt und sucht
Verstecktes. Nichts bleibt dem Wind zum Raube.

Tuscheskizze, BLBA, II. Jg. (1935/36).

So füllen sie der Körbe tiefe Bucht.
Die Schalen schimmern wie von goldnem Staube. —
Die Lippen — vor der Lese reicher Wucht —
murmeln Gebete; glücklich dankt der Glaube.

Auf Laden und in Truhen prangt die Pracht.
Selbst Greise staunen über solche Güten.
Die Kinder wollen wie mit Bällen spielen...

Doch hat dabei einmal ein Herz gedacht,
wie einst im Frühling manche stolze Blüten,
die Reife träumten, welkten, fruchtlos fielen?

Beim zweiten Themenkreis „Die Entblößten" erinnert sich Richard Zach an „rund 130 Gedichte", die er dazu bis Anfang September 1942 notieren konnte. — „Was er umfaßt — mir ist es sehr klar: Den Menschen, ungeschminkt-geschminkt in seiner Vielfalt und Typisierung, in Augenblicken wie in der Zeitfolge, zielstrebig, zerfahren, ich, mein Bruder, Schwächlinge, Starke... verhüllt, um zu enthüllen." Im Mittelpunkt der Betrachtung steht hier als edelster Sproß der Natur also der Mensch, sowohl in seiner Endlichkeit und Beschränktheit, als auch im Rahmen der Möglichkeiten seiner Höherentwicklung. Richard Zach wollte diesen Themenkreis in „zwei durch den Stil stark gesonderte Abschnitte" geteilt wissen: einen „spöttelnden, spielerisch-ironischen Teil" und einen ernsteren, in Zachs Worten, „gebundenen".[122]

Zum ersten Abschnitt sind solche Gedichte zu zählen, in denen der Dichter die Menschen fast schonungslos „entblößt", sie karikiert oder etwa in Fabeln auftreten läßt. Für verschiedene Charaktere und Haltungen versucht Richard Zach hier in manchen Gedichten, Entsprechungen und Beschreibungen von bestimmten Tierarten zu finden. Da ist einmal der „Köter", für den das Leben ohne Kläffen seines „tiefsten Sinn's beraubt" ist, dann die „Regenwürmer", die — ohne nachzudenken — „leben. Eben. Am Boden kleben" und sich mit ihrer Aufgabe voll zufrieden geben: „Blind sein im Stillen und ganz ohne Willen,/geboren, erkoren zu ewiger Fron." Dem „Ochsen" etwa ist gar eine „Ochsenballade" gewidmet. Dieser, welchem „der Himmel" schien und der von „quälenden Gedanken" verschont war, beginnt sich erst dann zu wehren, als ihn selbst das „Unglück" trifft — als er von den Stichen einer Mücke geplagt wird. Während hier oft auf sarkastische Weise fast durchwegs nur Zustände der Menschen und damit zugleich ihrer — bürgerlichen — Gesellschaft geschildert werden, geht es im zweiten Abschnitt dieses Themenkreises um die Überwindung solcher Zustände. In den Gedichten dieses Stoffkreises werden die Menschen auch behutsamer beschrieben. Richard Zach versucht in seinen Enthüllungen, auf den „guten Kern" der Menschen vorzudringen, der eine unabdingbare Voraussetzung für ihre Höherentwicklung darstellt. Er greift auf die Möglichkeit des Gedichtzyklus zurück, wenn er beispielsweise in generationsmäßiger Abfolge die Stufen aus der „Blindheit" über die Tätigkeit zum „Licht", zur Erkenntnis dialektisch entwickelt: Die drei Gedichte des Zyklus sind übertitelt mit „Der Blinde", „Der Sohn des Blinden", „Der Enkel des Blinden". Tätigkeit wird dabei aber nicht als Selbstzweck aufgefaßt, sondern als lebensnotwendige und gesellschaftsverändernde Arbeit, einschließlich des unumgänglichen Streits zwischen den jeweiligen gesellschaftlichen Klassen. So kommt, wäh-

Köter

Ohne Kläffen ist das Leben
seines tiefsten Sinn's beraubt.
Kläffend nur kann man erstreben,
was man kläffend wünscht und glaubt.
Kläffend sich in Zornesschwüle
steigern, daß man heiser wird.
Kläffen seine Wutgefühle,
bis man Mattigkeit verspürt.

Welche Stärke — Kühnheit — Macht
läßt sich durch Gekläffe zeigen.
„Hört, hier stehe ich auf Wacht,
und ich werde niemals schweigen!"
Kläffen bis zur Raserei.
Trunken kläffen seinen Sinn.
O das volle Herz wird frei
durch den lärmenden Gewinn.

Keuchen, Zähne fletschen, schnappen,
sich entschädigen dafür,
daß die Knochen und die Happen
nicht befriedigten die Gier.
Kaum noch wissen, was man tut.
Tänzeln, geifern, schäumen, spucken.
Überhitzt an seiner Glut,
mit dem dürren Körper zucken.

Im Bewußtsein solcher Kraft
schwelgen, alles Viehzeug hetzen;
jede Glucke, die noch gafft,
scheuchen von den Brüteplätzen.
Doch wenn einer ohne Kümmern
standhält, mit verkrampften Sprüngen

sich entziehen, kläffend wimmern,
wild die Wut hinunterschlingen,

und daran beinah ersticken.
Schließlich in den Winkel kriechen.
Aber, dreht er nun den Rücken,
ihn verfolgen unter Flüchen.
Seine Fährten toll zerkratzen,
peitschenahnend Peitschen schwingen.
Vor Ereiferung fast platzen,
sich verkläffen selbst an Dingen.

Und dabei doch nutzlos reißen
an des Schicksals kurzer Kette.
Mißmut nur und Ärger kreißen.
Hinter einem simplen Brette,
hinter halb verfaulten Schranken
hüpfen, gar nichts sonst erkennen.
An den eigenen Gedanken
sich den Schädel blutig rennen.

Tuscheskizzen, vor 1938.

Der Blinde

Vor meinem Fenster blühen wunderbare Blumen.
Ich weiß es, denn man hat es mir gesagt.
Da summen manchmal honigschwere Bienen.
Die Sonne baut verflimmernd gold'ne Schienen.
Und herrlich ist es, wenn es tagt.

Im Garten sollen Bäume Früchte reifen
mit Schalen sanft und übermäßig weich.
Dort zwitschern silberhelle Vogelstimmen.
Im Dunkel werden grelle Lichter glimmen.
Der Mond schwimmt groß und immer gleich.

Dann gibt es Berge, Tannenharz umwoben.
Auf weiten Feldern wogt das gold'ne Korn.
Auf Matten tanzen bunte Schmetterlinge. —
Der Bach zerfließt in helle Ringe.
Und Rosen duften, ohne Dorn.

Am Abend singen in den Dörfern Mädchen.
Ich weiß es, denn man hat es mir gesagt.
Dann sprüht das Leben rote Funken. —
Ich hab' es mit den Augen nie getrunken.
Wozu? Man hat es mir gesagt.

Ich flechte mit den Händen runde Körbe
aus Weidenruten, die wer holt.
Man wird die saftig weichen Früchte pflücken,
man wird die wunderbaren Blumen knicken.
In meinen Körben wächst das Gold.

Ich lebe, irgendwem zu dienen.
Ich weiß es, denn man hat es mir gesagt.
Die Sonne baut verflimmernd gold'ne Schienen.
Ich taste nie am Tag nach ihnen. —
Es ist doch wahr! Man hat es mir gesagt.

rend der „Blinde" im Gedicht noch lebt, um „irgendwem zu dienen", am Ende der „Enkel des Blinden" im Sinne des unversöhnlichen Klassengegensatzes zu dem Schluß: „Keiner soll je auf meiner keuchenden Brust rasten." Zielgerichtet angewendet münden so, in der letzten Konsequenz, die Lehren aus der Natur auch für den „Enkel" Richard Zach in einer „veredelten", also tatsächlich menschlichen und damit „dem Leben" entsprechenden Daseinsform: „Sieger ist der, der sich ewig bewegt und regt,/der seine eigene Seele bewahrt und läuternde Stürme trägt."[123]

Im dritten Themenkreis „Das neue Werk" handelt es sich zwar allgemein wieder um jene in den ersten beiden schon beschriebene dialektische Entwicklung. Jedoch geschieht hier die Hinausführung des Menschen aus dem Reich der Natur im Rahmen konkreter gesellschaftlicher Verhältnisse. Konsequenterweise steht dabei der Zusammenhang zwischen Arbeit und Gesellschaftsveränderung im Zentrum der Betrachtung des „Lebens". Richard Zach beschrieb selbst, worum es ihm in diesem Themenkreis ging: „Der Arbeiter, der nicht mehr front, sondern in froher Erkenntnis schafft; die Fabrik, die nicht mehr Schindbude ist, sondern zur weiten, hohen Stätte menschlichen Fortschritts wird; die Stadt, die Kahlheit, Enge und Schmutz überwindet und ihrer großen Aufgabe vollends gerecht wird."[124]

Freilich ist es ein oft auch ideales und für uns vielleicht utopisches Bild, das in solchen Gedichten entsteht. Jedoch entspringt es keinem träumerischen Wunschdenken des jungen Richard Zach, sondern wird auch hier auf dialektische Weise immer wieder auf die Praxis und ihre Möglichkeiten bezogen und überprüft. Wie in seiner Natur-und-Mensch-Lyrik beginnt Richard Zach auch hier meist mit einer analysierenden Beschreibung seiner Umgebung, speziell der gesellschaftlichen Umstände. Er richtet den Blick jener, „die vom Kerzenschimmer blind geworden" zu sein scheinen und nur Schmutz und Düsternis an Stadt und Fabrik kennen wollen, auf die möglichen zentralen Ursachen scheinbarer Stagnation. Den „Blinden" rät Richard Zach: „In der Helle sollt ihr küren!" — Denn: „Die Stadt gebiert den klaren Bau morgen!" Nicht um die oberflächlichen Erscheinungen, den Tand, das Geglitzer, kann es gehen — das wahre Wesen der Stadt und damit der Gesellschaft liegt für den Dichter in ihren Fabriken, „den hellen Hallen um den Riesenblock der Werke". Mit diesen ist die Stadt „des Landes treiben-

Bleistiftskizze, vor 1938.

Ich sehe Licht

Ich sehe Licht:
Nicht schemenhaft schimmernd aus Träumen —
aufblitzend aus künftigen Räumen!
So ist mein Gesicht:

Es sollen alle, die da sinnend schaffen,
erwägend werken, helfend Hohes schützen,
nicht fürchten müssen, daß der Gieren Raffen
sie trügt und daß Erpresser sie benützen.

Es sollen alle, die da mühend schwitzen,
teilhaben dürfen nach Gebühr und Kraft,
nicht nach der List, nach angestammten Sitzen.
Nur jeder darf bestimmen, der auch schafft.

Es sollen darum — denn der Mensch schwankt oft,
und mancher, von der Welle hochgehoben,
ist Schaum geworden, schillert plötzlich seicht —
die Tätigen nicht schweigen müssen, loben.

Es sollen jene alle, die da bauen,
vergliedert fest nur dulden, das Verwandte,
das will und weiß, gehorcht dem scharfen Schauen.
Aus ihnen sprüht der Funke, der entbrannte.

Es sollen jene — Willkür höhnt die Reden —
die Hämmer in den Fäusten, was sie banden,
erbarmungslos behauen, zeigt es Schäden.
Denn besser nichts als wissend Fron in Schanden!

Es soll — denn eng oft schielt der eine — klar
aus der Gemeinschaft tönen der Beschluß.
Die Deuter taumeln. Streben nur ist wahr,
das aus dem Trieb des Lebens lichtwärts muß.

Es sollen so verschmelzen Wert und Zahl.
Wert ist nicht Wolke! Zahl nicht reinstes Maß!
Aus Breiten wuchtet, Höhen weist das Mal.
Der Strom schickt Regen; Himmel taut das Gras.

Es soll — die Menge wählt vor Licht oft Gleißen;
doch Erz bleibt Erz, und nähren muß das Brot —
die Sicht nicht suchen dämmerndes Verheißen,
sondern das Sein! Trägheit weicht durch die Not.

Es sollen Kranke heilen. Sieche sterben.
Doch glauben müßt ihr, daß die Garnichtgleichen
die Höhe sehnen, nicht das Sumpfverderben,
und daß die Dunkel vor den Sonnen bleichen.

Es soll — das ist das heiligste Gebot —
die Arbeit herrschen! Denn sie kann umfassen,
sie gibt, nimmt, läutert — Ziel und Morgenrot!
Sie weckt den Gott und Rechter in den Massen!

So ist mein Gesicht!
Nicht schemenhaft schimmernd aus Träumen —
aufblitzend aus künftigen Räumen.
Seht ihr das Licht?!

des Herz/... sein prüfender, prägender Sinn", denn: „Die Stadt formt das Werkzeug aus formrohem Erz/und verwandelt Mühsal in Gewinn." Damit der Gewinn einmal für all jene da ist, die produktiv tätig sind, also die eigentlich den Reichtum schaffen, bedarf es des Wissens um die eigene Lage und die der anderen, bedarf es für ihn der Solidarität und des Entschlusses zum Handeln. Wenn dann diese „vielen, vielen mit den wieder vielen Mängeln" — und Richard Zach zählte sich stets selbst dazu! — soweit durch gesellschaftliche Arbeit in jeder Hinsicht gereift sind, daß sie ihre „Mängel" entsprechend zu handhaben imstande sind, dann können auch die letzten Schritte in diese, ihre „neue Zeit" gegangen werden, die für Richard Zach auf jeden Fall „jubelnd im Arbeiterkleid" erstehen wird. Nur mit eigenständigen und aktiven Mitgliedern in der Gemeinschaft wird diese Entwicklung fruch-

Bleistiftskizze, vor 1938.

ten und neben dem Menschen auch die „Veredelung" der Gesellschaft bewirken. — „Nicht wie Nummern sollt ihr formenlos leben", unterstreicht Richard Zach seine Vision: „Jedem sollt ihr gebührende Rechte geben./Aber jeder ebenso wisse und merke:/Erst in der Gemeinschaft ruht sieghafte Stärke."[125]

August

Die gelben Garben stehn in langen Reihen.
Die Wagen schwanken unter'm Ährengold.
Die schweren Rinder ziehen. Kinder schreien.
Der hohe Himmel ist den Sammlern hold.

Die Glut des Tages und der Fleiß der Stunde
erhitzen sie. Doch reich belohnt der Preis.
Es geht der Krug aus Ton von Mund zu Munde,
und in den Trank fällt mancher Tropfen Schweiß.

Die Räder knarren weiter durch das Dämmern.
Der blonden Magd flicht sich ein Halm ins Haar.
Der Hirte wandert heim mit seinen Lämmern.
Der Glocken Abendsang tönt hell und klar.

Die weiten Scheunen bergen kaum die Gabe.
Die Bäurin schneidet große Stücke Brot
und reicht sie zu der warmen, weißen Labe.
Die Hausschar löffelt müd, doch frei von Not.

Der vierte Themenkreis ist, wie Richard Zach schrieb, „aus dem schlagartig einbrechenden, alles verrückenden Erlebnis geboren ‚Ich lebe doch'". Es deutet vieles darauf hin, daß mit diesem Erlebnis ganz allgemein seine Haftzeit, im besonderen aber auch die nach der Verkündung seines Todesurteils verinnerlichte Erkenntnis und Hoffnung gemeint ist: „Ich lebe weiter." Wenn der erste Themenkreis als „Anfang und Ende" im Zachschen Gedicht charakterisiert wurde, so bringt der vierte und letzte Gedichtezyklus in seiner eigentlich kraftvollen Vielfalt vielleicht am besten jenen Gedanken Richard Zachs zum Ausdruck, den zu vergegenwärtigen in seiner Situation wohl stets eine Notwendigkeit war: „Mitten drinnen pulse ich."[126] Dies ist also einerseits ganz abstrakt auf die Entwicklung des Menschen in und mit der gesamten Menschheit zu beziehen, andererseits auf das stete bewußte Wahrnehmen der konkret vorhandenen und zu bewältigenden Realität des einzelnen. Trotz eines verständlichen Wechsels von Phasen des Zweifels, der Hoffnung, des Trotzes und Zorns scheint die gesamte Haftzeit Richard Zachs von einer zutiefst lebensbejahenden Grundstimmung durchflutet gewesen zu sein. Hier tauchen in den Gedichten die „kleinen Wunder" wieder auf, die in der kargen und erdrückenden Situation des Eingekerkerten so sehr an Bedeutung gewinnen.

Ein Blatt

Ich riß mir ein Blatt von der Linde,
heimlich, als niemand es sah.
Nun liegt es auf meinem Spinde,
vom Leben ein Angebinde...
Der Frühling scheint jetzt so nah.

Inmitten der schmucklosen Wände
tröstet sein Grün meinen Blick.
Ich nehme es oft in die Hände.
Es flüstert: „Der Frost ist zu Ende.
Lenz lacht dem trübsten Geschick."

Ich streichle die zarten Adern,
welche der Wind früher strich.
O Blättlein, Du darfst nicht hadern,
weil Du verdorrst für mich.

Bringst mir doch frohe Kunde,
winziges Wunderwerk,

Die Hälfte eines A-5-Blattes der Mappe aus Berlin-Moabit (das beigelegte, verdorrte Blatt befand sich zwischen weiteren Seiten).

von blauer, sonniger Runde,
von Vogel, Wiese und Berg.

Ich riß mir ein Blatt von der Linde.
Weiß nicht, wie mir geschah...
Wie einem verlassenen Kinde.
Damit mir mein Herz nicht erblinde.
Der Frühling scheint jetzt so nah.

Immer wieder wird die eigene Situation und die der Leidensgenossen auch metaphorisch beschrieben: „Um Sonne flehend schlägt der Baum/die dürren nackten Zweige zusammen." Das Gefühl: „Ein Stundenverlängern./Ein Leben verlieren", verbunden mit physischer Drangsal, erzeugt Müdigkeit, Niedergeschlagenheit und oft auch Verzweiflung.[127] Offensichtlich um Kraft zu schöpfen, bemüht sich Richard Zach, auch in der Statik seines Haftlebens sich jene im Grunde doch immer wieder sieghafte Entwicklung zu vergegenwärtigen:

Ich will nicht in den Rätselraum verschweben.
Ich spüre bloß die Normen mich durchbeben,
nach denen alles sich bewegt,
und weiß im Innersten, mein Streben
war recht, mein Ringen, Siegen muß das Leben,
ob mich auch der Haß erschlägt.[128]

Die ständige Besinnung auf die „Normen", auf die Gesetze der Natur und Gesetzmäßigkeiten der Entwicklung der menschlichen Gesellschaft, verstärkt Richard Zachs Haltung. Indem der Mensch und Dichter Richard Zach seinen Henkern so entgegentrat, auch „ihr Werk" in den „Rahmen" der Entwicklung des Lebens stellte, in dem für ihn — wie er in seinem allerletzten Brief schreibt — letztendlich also doch immer „das Gute, Gläubige" weiterleben wird[129], vermochte er, das ihn Bedrohende zugleich gegen sie zu wenden:

Gewißheit

Und schlagt ihr uns hundertmal nieder —
wir stehen doch wieder auf,
gebührendes Recht zu erzwingen!
Beschwört ihr die Hölle herauf —
uns muß unser Werk gelingen!

Wie habt ihr gesucht und ersonnen,
erbetet den tödlichen Schlag!
Oft schwelgtet ihr heimlich in Wonnen,
bis euch der erwachende Tag
verkündete: Wieder zerronnen!

Was habt ihr nicht wütend verwendet?
Kein Mittel lehntet ihr ab!
Gefoltert, vertrieben, geblendet,
bedroht bis über das Grab;
die billigsten Rechte geschändet.

Ihr mögt unsre Söhne binden!
Die Enkel erheben sich neu
und werden sich Waffen finden
und — ihrer Verpflichtung treu —
ein Ende bereiten dem Schinden!

Wir müssen das Urteil vollstrecken!
Ihr fechtet den letzten Strauß!
Entfesselt nur euere Schrecken —
uns rottet ihr niemals aus,
weil wir das Leben erwecken!

Die Nachwelt

Wenn Richard Zach erst rund dreißig Jahre nach seinem Tod von einem jungen Literaturwissenschafter als „der wahrscheinlich bedeutendste Dichter unter den zum Tode Verurteilten" eingeschätzt werden konnte, so muß dies im Zusammenhang besonders mit der österreichischen Nachkriegsentwicklung in all ihren Bereichen gesehen werden. Die allgemeine, offen antifaschistische, Stimmung der unmittelbaren Nachkriegszeit konnte in ihrem Sinne nur für kurze Zeit stimulierend wirken. Schon 1945, die ehemaligen Nationalsozialisten wurden zur Wahl noch nicht zugelassen, erschien im Grazer Antifaschistischen Volksverlag eine Anthologie mit dem Titel „Bekenntnis zu Österreich. Moderne Arbeiterlyrik", in die auch mehrere *Zachsche* Gedichte aufgenommen wurden. Der Herausgeber, einer der für die politische Entwicklung Richard Zachs wesentlichen Freunde und Mitstreiter, war Josef Martin Presterl. Damit gehörte er zu denen, die praktisch in der ersten Stunde — in Zachs Worten — „ihrer Verpflichtung getreu" handelten. Ohne die Weitergabe und Sicherstellung durch Verwandte, Freunde und Genossen schon vor 1945 hätte es vielleicht nicht einmal zu dieser ersten Veröffentlichung kommen können. Auch dies ist ein Stück Geschichte lebensgefährlichen Widerstands, der in der Folge freilich unter gänzlich anderen Bedingungen und auf andere Art fortgesetzt werden mußte — „auch im Österreich nach 1945", schreibt Hans Höller, „das diese Tradition des aufrechten antifaschistischen Gangs nicht öffentlich zu würdigen bereit war."[130]

Bezeichnend in dieser Hinsicht scheint auch, wie es dem Bruder, Alfred Zach, kurz nach 1945 ergangen ist beziehungsweise was dazu führte. Wie erwähnt, bemühte sich dieser besonders um seinen inhaftierten jüngeren Bruder und betrieb bereits an seinem militärischen Einsatzort in der Heimat von November 1941 bis März 1943 die gefahrvolle Sicherstellung von Texten Richard Zachs. Von Bedeutung im Zusammenhang mit solchen Aktivitäten in dieser lebensbedrohenden Zeit scheint auch, daß er gegen Ende seiner Dienstzeit mit einem Gleichgesinnten Waffen aus der Kaserne schmuggelte und versteckte. Ja, seinen Abgang vom Militär im März 1943 „begleiteten" ein paar Handgranaten, Sprengkapseln und eine Pistole, die er im Keller seiner Grazer Wohnung verbarg. Als nach wie vor Kriegsdienstverpflichteter arbeitete er ab dieser Zeit wieder in den Puch-Werken im Rahmen der Rüstungsproduktion, in die er als Vorarbeiter gemeinsam mit Kriegsgefangenen und Verschleppten unbemerkte Leerläufe und Ausschüsse einbauen konnte. Offensichtlich von seinem Waffenbesitz informiert, stand eines Tags die Gestapo vor der Tür. Waffen wurden keine gefunden. Alfred Zach mußte jedoch Anfang September 1944 mit in das Polizeigefängnis zur Einvernahme. In der Zeit seiner Internierung konnte seine Frau Grete die Waffen über einen Gewährsmann den jugoslawischen Partisanen zukommen lassen. Alfred Zach wurde ins KZ Flossenbürg deportiert, dann ins KZ Mauthausen (Nebenlager Gusen II). Zurück in Graz, fand er seine Frau wohlbehalten vor, konnte auch wieder in seine Wohnung einziehen und am Magistrat zu arbeiten beginnen. Eine Zeitlang ging alles gut. „Dann aber waren die alten politischen Geschäftemacher, die sich's sicher auch im tausendjährigen Reich gerichtet hatten, alle wieder in Amt und Würden. Dafür begann die Kommunistenhatz", erinnert sich Alfred Zach. Besonders bestürzend dabei war für ihn, wie er erzählt — und hier erhält die Formel von Graz als der „Stadt der Volkserhebung" wieder einen zweifelhaft aktuellen Sinn —,

„daß die nach dem Kriegsende tätigen Machthaber, rot wie schwarz, mich aus meiner derzeitigen Wohnung, die von einem geflüchteten Nazi gemietet war, nach dem Wechsel der Besatzungsmacht von den Russen zu den Engländern unbedingt entfernen wollten. Der mit den Engländern zurückgekehrte Nazi war ihnen offensichtlich lieber als der KZler. ... Beim Magistrat wurde ich beschuldigt, KZlern und Kommunisten widerrechtlich Wohnungen zugewiesen zu haben. Mein Freund, der kommunistische Stadtrat, wurde abgelöst und mir ein Disziplinarverfahren angehängt. An dem Verfahren habe ich nicht teilgenommen, in dem mir Versetzung ins Steueramt und finanzielle Buße aufgebrummt wurde. ... Daß ich noch in der Wohnung bin, verdanke ich dem Umstand, daß mein Zuweisungsbescheid von der provisorischen österreichischen Regierung ausgestellt und rechtlich damit nicht anfechtbar war."[131]

Drei Jahre nach der ersten Veröffentlichung von Gedichten Richard Zachs, die Phase der „Entnazifizierung" ging mit dem Einverständnis der beiden Großparteien einem raschen Ende zu, gab Felix Hubalek die für längere Zeit einzige Einzelpublikationen von Zachschen Gedichten heraus. Daß aber zu diesem Zeitpunkt bereits die Auswirkungen des, von Alfred Zach oben bereits angedeuteten, zuvor schon begonnenen Kalten Kriegs auch auf Österreich zu verspüren waren, ist nicht nur der politisch relativ farblosen Vorstellung von Leben und Werk Richard Zachs abzulesen. Ein Jahr zuvor, 1947, sah man sich in der Zeitschrift „strom" noch genötigt, ihn als „sozialistischen Märtyrer" zu charakterisieren. Was aber bei Hubalek, zwar offenbar auch mit entsprechenden Absichten, als gravierender erscheint, ist der sinnstörende Eingriff in ein eindeutiges Gedicht Richard Zachs: die nachträgliche Abänderung von nur zwei Verszeilen des „Mailiedes 1942". Während im Kassiber-Original und in der maschinschriftlichen Übertragung dieses Liedes nämlich die Schlußverse zu finden sind: „Sieg dem Geschlecht, das mit Sichel und Hammer/endet die Not und meistert den Jammer!", lauten diese bei Hubalek: „Und Sieg dem Geschlechte, aus dessen Hände/Arbeit erstehn wird der Nöte Ende!" Eine stilistische Begründung für diese Veränderung ist wohl auszuschließen.[132] Nun hat Richard Zach, wie Alois Geschwinder versichert, zwar „gewünscht, daß seine Gedichte formal gesichtet würden. Inhaltlich freilich soll keine Veränderung dadurch eintreten." Auch wenn Richard Zach dabei einmal fälschlicherweise unterschoben wurde, „eine Widerstandsgruppe der Kommunistischen Partei" organisiert zu haben, war Alois Hergouth in der Grazer „Wahrheit" — ebenfalls 1948 — dennoch mit seiner Behauptung der Realität weitaus näher als andere Publizisten. Hergouth schien auch den Wunsch Richard Zachs, Gedichte von ihm „formal zu sichten", ernst genommen zu haben. Jedenfalls lassen

Die Verführten

Es führen viele das Wort im Mund,
das einzig Erlösung bedeutet,
und schwingen Fahnen, rauschend, bunt,
und schwören, daß, wer streitet
in *ihrer* Reihe Sieger sei...
Leeres Geschrei.

Es weisen manche auf ihre Bahn,
beteuernd, sie wäre die beste,
verstricken schlau in solchen Wahn
die kindlich vertrauenden Gäste,
um selber auf derem Rücken zu reiten,
Sie auszubeuten.

Es rufen andre zum Zeugen Gott
für ihre edle Gesinnung...
Der Henker wartet am Schafott,
zu dienen der Massengewinnung.
Sie heben segnend die Hände hoch
über dem Joch.

Es leuchtet welchen das Fieber im Blick;
sie singen und taumeln trunken,
beraten über der Völker Geschick;
von Scheitern springen die Funken;
bald ist das zerstörende Feuer geschürt.
Sie schauen verwirrt.

Es schreiten auch wenige tapfer voran,
doch wissen sie selbst kaum die Straße,
und was sie erraten dann und wann,
dem nehmen sie noch seine Maße.
Am Ende stehen sie mitten im Kot,
unterliegen der Not.

Die aber, denen die Sprache fehlt,
die zagend zum Ziel hin drängen,
verharren, vom Strudel der Stimmen gequält,
und müssen sich schließlich vermengen.
Ihr Glaube, der stumme, doch tiefe, versprüht.
Sie trotten müd.

Und kommt dann einer, der Werte gebiert,
den wahre Sendung geläutert —
ob er mit glühenden Stangen stiert,
sie sind enttäuscht, gescheitert.
Sie horchen vielleicht, doch ohne Gehör...
Sie glauben nicht mehr.

Gedichte, die seit den vierziger Jahren vor allem in der Grazer „Wahrheit", nach den Bearbeitungen von Alois Hergouth, abgedruckt wurden, keine wesentlichen formalen Eingriffe erkennen.[133] Wahrscheinlich ist, daß Richard Zach mit Gedichten wie „Seid nicht kleinlich", die freilich in anderen Zusammenhängen entstanden sind, selbst auf solche möglichen „Streitereien" auch der Nachwelt antworten wollte:

Seid nicht kleinlich

Habt ihr bis heute gestritten
um Splitter, euch kleinlich entzweit,
den nörgelnden Neid gelitten —
nun fordert die Zeit,
daß ihr im kühneren Streben
die alte Enge verneint.
Ihr müßt euch darüber erheben!
Erst wenn ihr euch eint,

könnt ihr vor dem Großen bestehen!
Erst wenn ihr nicht bodenwärts stiert,

vermögt ihr die Helle zu sehen!
Wie ihr euch verliert
in klägliches Gieren um Krumen,
wird siegen, was euch bedroht,
und der weisende Ruf verstummen
vor der niederen Not!

Auch in anderen Tageszeitungen und Zeitschriften wurden seit den vierziger Jahren immer wieder einzelne Gedichte von Richard Zach veröffentlicht. Auf Initiative des Bruders, Alfred Zach, wurden Anfang der fünfziger Jahre sogar Rundfunksendungen gestaltet. Der Streit um das Vermächtnis Richard Zachs schien sich auch auf den Inhalt des „Lesebuches der Weltliteratur" auszuwirken, in das 1949 drei Zachsche Gedichte aufgenommen, in einer neuen Auflage aber wieder weggelassen wurden. 1955, dem Jahr des Staatsvertragsabschlusses für Österreich, erschien die Anthologie „Dein Herz ist deine Heimat", zusammengestellt von Rudolf Felmayer, in der neuerlich einige Gedichte von Richard Zach abgedruckt wurden, ebenso in vielen späteren.[134]

Dem großen Verdienst der österreichischen Schriftsteller Gerhard Jaschke und Hermann Schürrer (†) ist es zuzuschreiben, daß im Jahre 1978 die dritte, bis dorthin aber umfassendste Einzelpublikation von Zachschen Gedichten und Briefen, „Niemals wieder! Zellengedichte" — als Doppelnummer der Literaturzeitschrift „Freibord" —, erscheinen konnte. Erst ab da scheint sich jenes Zachsche Wort, zumindest im Hinblick auf sein Vermächtnis, zu bewahrheiten: „Die Enkel erheben sich neu." Dafür spricht auch, daß darin erstmals junge Menschen mit Nachdruck die „eindeutige politische Haltung" Richard Zachs, wie es in der Einleitung heißt, „jenen in ihr Gesinnungsbuch geschrieben" hatten, „die ihn für ihre eigene Gruppe zu Unrecht wiederholt beanspruchten und weiter beanspruchen". Freilich ist es nicht verwunderlich, daß auf Grund der klar erkennbaren Ausrichtung des Buches die steiermärkische Landesregierung im Jahre 1985 nicht bereit war, eine Neuauflage dieser allzuschnell vergriffenen Ausgabe finanziell zu fördern — mit der Begründung, daß „sie (...) keine Wiener Literaturzeitschrift unterstützen (könne)".[135]

Zwischen 1985 und 1987 gab es vier kleinere Veröffentlichungen, Programmhefte für musikalische Veranstaltungen, herausgegeben vom Kulturverein Vöcklabruck. Aus diesem kristallisierte sich auch jene Musikgruppe „Impulse" heraus, die in diesen Jahren und vor allem im „Bedenkjahr" 1988 Leben und Werk Richard Zachs auf ganz andere, neue Weise bekanntmachen wollte und in vielen Bundesländern musikalische Programme in Art von Collagen vortrug. Von den Veröffentlichungen sei zuletzt jene genannt, die ebenfalls 1988, als 198. Band der Reihe „Stuttgarter Arbeiten zur Germanistik", im Akademischen Verlag Hans-Dieter Heinz in Stuttgart erschien: „Richard Zach: ‚Streut die Asche in den Wind!' Ausgewählte Gedichte." Dabei handelt es sich um das bisher umfassendste Nachschlagewerk mit rund 200 Gedichten — das ist etwa ein Viertel des lyrischen Nachlasses, Zeichnungen, Dokumenten, Fotografien, einer Kurzbiografie, einer Einführung und einem kritischen Kommentar.

Alle diese Veröffentlichungen gäbe es, wie erwähnt, mit Sicherheit nicht ohne die Bemühungen des Bruders und der engsten Freunde Richard Zachs. Vor allem Alfred Zach, Elfriede und Alois Geschwinder waren, indem sie die Texte unter zuerst lebensgefährlichen, später restriktiven Bedingungen sicherstellten, aufbewahrten und übermittelten, „ihrer Verpflichtung getreu". Das heute vielzitierte Wort von der „Pflichterfüllung" erhält so seinen konkreten Sinn, erfuhr ihn bei Richard Zach vorausschauend auch in der Todeszelle, wenn er in seinem „Wandspruch" schreibt: „Gar mancher wurde klug geboren/und hat deshalb den Kopf verloren./Dagegen manchen schrecklich Blöden/ernannte man zum Staatspropheten." In erster Linie ihnen ist es auch zu verdanken, daß der Name Richard Zach und das mit diesem verbundene Werk trotz aller Widerstände nicht in Vergessenheit geraten ist und zumindest in einer hierzulande anscheinend üblichen Form aufgearbeitet werden mußte: So steht der Name Richard Zach heute etwa am Internationalen Mahnmal auf dem Grazer Zentralfriedhof oder auf einer Gedenktafel im Stiegenhaus der ehemaligen Lehrerbildungsanstalt (heute: Pädagogische Akademie) am Hasnerplatz in Graz. Im Jahre 1977 wurde das Kinderland-Junge-Garde-Heim in Sankt Radegund nach Richard Zach benannt und eine Gedenktafel angebracht. Anläßlich dieser Benennung erschien auch eine Broschüre mit Briefen und Gedichten: „Richard Zach. Nationalfeiertag 1977." In Graz heißt

Gedenktafel im Stiegenhaus der ehemaligen Bundeslehrerbildungsanstalt (BLBA) am Hasnerplatz (heute: Pädagogische Akademie) in Graz (seit 1970).

Gedenktafel am Kinderland-Junge-Garde-Heim in Sankt Radegund (seit 1977); das Heim ist nach Richard Zach benannt.

auf Grund der Bemühungen von Verwandten, Freunden und ehemaligen Mitstreitern heute sogar ein kurzes Straßenstück Richard-Zach-Gasse, auch wenn dieses nach offiziellem Willen im nördlichen Vorort Andritz liegt, und die Anrainer zuerst gar nichts mit diesem Namen anfangen konnten.[136]

Nicht nur einschlägige Bücher werden vor allem außerhalb Österreichs verlegt, auch an den eigenen antifaschistischen Widerstand muß in oberen Politikerkreisen sichtlich vom Ausland erinnert werden. So wurde etwa im Jahre 1985, bei der Feier zum 30jährigen Staatsvertragsjubiläum im Schloß Belvedere, exemplarisch der Name Richard Zach genannt — vom französischen Außenminister Roland Dumas. Und auch als Ende 1987 der österreichische Außenminister in Frankreich weilte, mußte dieser — vielleicht im Hinblick auf das „Bedenkjahr" 1988 — von französischen Politikerkollegen auf Richard Zach aufmerksam gemacht werden. Sichtlich ohne Erfolg. Dabei wäre gerade Richard Zach, wie der Salzburger Germanist Universitätsprofessor Dr. Ulrich Müller in einem Brief von Anfang Februar 1987 schrieb, gerade „in ‚Zeiten wie diesen' ein wirklich vorzeigbarer Österreicher, insbesondere im Ausland"![137]

Manche seiner Gedichte bezeugen, daß Richard Zach selbst die Art des Umgangs der Nachwelt mit dem Vermächtnis des antifaschistischen Widerstands erahnt, ja in Grundzügen vorausgesehen hat.

Zweifel

Dann aber wird doch alles ähnlich sein...
Vergessen Kampf und Opfer und Beschwerde...
Sie werden wieder spielen mit dem Schein
und wieder auf der blutgedüngten Erde
die Mißgunst säen, um den Grenzstein streiten,
auf freien Türmen bunte Fetzen hissen,
verstricken sich in tausend Kleinigkeiten...
von Not, die wir ertrugen, nichts mehr wissen,
ertrugen gläubig, Bahnen zu bereiten.

Der Staub wird wischen über unsre Spuren.
Erkenntnis, die wir schwer erschunden haben,
wird jene kaum erschüttern. Sie erfuhren
nunmehr ja leicht, und wir sind längst begraben. —
Lehrt sie die Qual, die Pein, die wir erlitten?!
Ach — Leiber wesen rasch. Die tiefsten Wunden,
die größten Grauen fälscht die Zeit nach Sitten,
und wieder wird der alte Haß entbunden.
Denn die sich höher rangen, sind geglitten.

Der weite Himmel weiß nichts von dem Beben.
Der Wind verweht die Seufzer wie das Hoffen.
Aus andren Augen blickt das nächste Leben.
Wie gut! Sie senkten sonst sich oft betroffen.
Wie gut? Wie drückend doch für die Gefällten!
Ihr Schluß — Beginn? Ihr Wunsch — ein Traum? — Dennoch:
Mut! Muß dem Tag auch neues Ringen gelten,
reißt Dunkel nieder — Licht lockt wieder hoch!
Dennoch: Zum Bess'ren streben stets die Welten!

Trotzdem also, auch in dieser, konkret auf die Nachkriegszeit projizierten düsteren Zukunftsvision, vertraut er zugleich darauf, daß es welche geben wird, die — wie Alois Hergouth das Vermächtnis Richard Zachs und aller von den Faschisten Ermordeten einmal umschrieb — „eine Welt erkämpfen ... helfen, in der es keine Kerker mehr gibt, in der der Mensch frei und in Frieden arbeiten und leben kann". Streitend und dieses große Ziel vor Augen, können wir mit Alois Hergouth auch im Hinblick auf Leben und Werk Richard Zachs sagen: „Wir wissen auch, daß sein Name, der Name des Dichters Richard Zach, selbst wenn er heute noch von wenigen genannt wird, einmal doch einen klaren, tiefen Klang haben wird."[138]

Richard Zach (1937).

Mein Lied...

Mein Lied — und ob es keiner vernimmt,
ich will, ich muß es singen.
Die Quelle flüstert; der Funke glimmt;
die Stürme rauschen und ringen.

Ich sage euch nur, was ihr ebenso fühlt,
geformt schon von tausenden Mündern.
Und doch hat es keinen noch tiefer durchwühlt
und fleht nach starken Verkündern.

Ich bete nicht mehr als die Brüder umher,
ich taste mit ihnen nach Klängen.
Und doch ist ihr Herz so stumm, so leer.
O wenn sie bloß Feuer fängen!

Da steh' ich allein in Öde und Stein.
Die harten Felsen hallen.
Der Wind verweht mein Jubeln, mein Schrei'n.
Die Schluchten verschlucken das Lallen —

Wieviel mich durchbebt — die Nacht begräbt,
die Schatten suchen nach Beute,
befallen mit Krallen, was keucht, was lebt,
die ewig hungrige Meute.

Ins Tal! Zum Licht! Ich rufe nicht
für meine Lauscherohren!
Der ganzen Welt gilt mein Gedicht!
Euch alle hat es erkoren!

Er sperrt eine Wand den Weg ins Land
mit kalten, glatten Schründen.
Bin ich zu schwach? Bin ich gebannt
von jenen gemeinsamen Gründen?

Vergellt mein Sang vor diesem Hang?
Ich muß ihn überwinden!
Er lauert auf mich mit gierigem Fang.
Wird er mich erwürgen? Schinden?

Und stürze ich wund, verschlingt mich der Schlund,
verdurst' ich an den Klippen —
ich will es wagen, mein Lied im Mund,
mein Lied auf den trockenen Lippen.

Es stirbt mit mir? Umsonst der Streit?
Was wäre denn verklungen?!
Es rafft die Zeit, es schafft die Zeit,
und segnet die nächsten Jungen.

Mein Lied, weil es das Leben preist —
nie ist's der Welt verloren.
Die Saite schwingt! Es bleibt, es kreist
und wird stets neu geboren.

Ob es vergessen im Meer versinkt,
am Moor der Lügen nebelt,
ob es im Zeitenstrom ertrinkt,
zu laut, zu leise, geknebelt —:

Der Sang besteht, wie die Erde sich dreht!
Den Namen wechseln die Lieder,
die tausend vor mir, sie haben gesät.
Die tausend nach mir säen wieder.

Anmerkungen

[1] Interview von Mag. Robert Streibel mit Dr. Alois Geschwinder vom 29. 9. 1984 (im folgenden zitiert als: A.-Geschwinder-Interview); Brief Elfriede und Dr. Alois Geschwinders an den Verfasser vom 11. 10. 1988; Urteil gegen Alois Geschwinder und Hermine Kohlhauser vom 18. 5. 1942, Oberlandesgericht Wien, 7 OJs 356/42; DÖW-Nr. 9743.

[2] Interview des Verfassers mit Elfriede Geschwinder (vormals: Neuhold) vom 26. 7. 1988 (im folgenden zitiert als: E.-Geschwinder-Interview); Interview des Verfassers mit Alfred Zach und Dr. Alois Geschwinder vom 27. 6. 1985 (im folgenden zitiert als: Geschwinder/Zach-Interview.

[3] E.-Geschwinder-Interview.

[4] Hans Hautmann: „Die verlorene Räterepublik. Am Beispiel der Kommunistischen Partei Deutschösterreichs", Wien 1971, S. 137 ff.; Hans Hautmann: „Ferdinand Hanusch — der Staatssekretär." In: „Ferdinand Hanusch (1866—1923). Ein Leben für den sozialen Aufstieg", hg. v. Otto Staininger (Wien 1973). (=Schriftenreihe des Ludwig-Boltzmann-Instituts für Geschichte der Arbeiterbewegung. 3.). S. 88.

[5] Robert Hinteregger: „Die steirische Arbeiterschaft zwischen Monarchie und Faschismus." In: „Bewegung und Klasse. Studien zur österreichischen Arbeitergeschichte", hg. v. Gerhard Botz u. a., Wien-München-Zürich (1978), S. 269—296, hier: S. 274.

[6] Ebenda, S. 275 ff.; Peter Kulemann: „Am Beispiel des Austromarxismus. Sozialdemokratische Arbeiterbewegung in Österreich von Hainfeld bis zur Dollfuß-Diktatur", Hamburg 1979, S. 214 ff.

[7] Selbstinterview von Alfred Zach nach schriftlichen Fragen des Verfassers im September 1988 (im folgenden zitiert als: Zach-Interview); Brief von Alfred Zach an den Verfasser vom 2. 9. 1985.

[8] Ebenda.

[9] Ebenda.

[10] Ebenda.

[11] Winfried Garscha/Hans Hautmann: „Februar 1934 in Österreich", Wien 1984, S. 11 f.; Zach-Interview; Brief, Alfred Zach.

[12] Zach-Interview; Brief, Alfred Zach.

[13] Zach-Interview; „Von meiner Mutter" (unveröff.); DÖW-Nr. E 19.049 (Orig.) bzw. 2937 b (Transkr.); A.-Geschwinder-Interview; „Aus meiner Jugend" (unveröff.); DÖW-Nr. E 19.049 (Orig.) bzw. 2937 e (Transkr.).

[14] „Aus meiner Jugend"; „Von meiner Mutter"; Brief, Alfred Zach.

[15] A.-Geschwinder-Interview; G. Rüdiger Starhemberg: „Memoiren", Wien-München 1971, S. 77; Hinteregger, S. 278.

[16] „Von meiner Mutter"; „Aus meiner Jugend"; Brief, Alfred Zach.

[17] „Aus meiner Jugend."

[18] „Der traurigste Tag meines Lebens", 21. 1. 1935; DÖW-Nr. E 19.049 (Orig.); Zach-Interview; Brief, Alfred Zach; „Spätherbst" (8. 12. 1933); DÖW-Nr. E 19.049.

[19] „Aus meiner Jugend."

[20] Hinteregger, S. 290; Brief, Alfred Zach.

[21] Kulemann, S. 295 ff., 357 ff., 362 ff., 400 ff.; Hans Hautmann/Rudolf Kropf: „Die österreichische Arbeiterbewegung vom Vormärz bis 1945. Sozialökonomische Ursprünge ihrer Ideologie und Politik", Wien-München-Zürich (3) 1978. (=Schriften-

reihe des Ludwig-Boltzmann-Instituts für Geschichte der Arbeiterbewegung. 4.), S. 104 ff., 157 f., 161; Garscha/Hautmann, S. 68 ff., 113 ff., 185 f.; Wolfgang Neugebauer: „Der ‚Austrofaschismus' in der Sicht von Sozialisten und Kommunisten." In: Emmerich Tálos/Wolfgang Neugebauer (Hgg.): „Austrofaschismus." Beiträge über Politik, Ökonomie und Kultur 1934—1938, Wien 1984. (=Österreichische Texte zur Gesellschaftskritik. 18.), S. 199—221; Geschwinder/Zach-Interview.

[22] Richard Zach, Brief (Kassiber), Dezember 1942; DÖW-Nr. 12.584/1 (Orig. und Transkr.); Hautmann/Kropf, S. 166 f.; Friedbert Aspetsberger: „Literarisches Leben im Austrofaschismus." Der Staatspreis (Königstein/Ts.), 1980. (=Literatur in der Geschichte. Geschichte in der Literatur. 2.), S. 10. (39); „Frühling" (2. 4. 1936), „Schulgang!" (24. 4. 1936), „Arme Kinder vor Schaufenstern" (9. 5. 1936), „Arbeitslosenbänke am Fluß" (5. 6. 1936); DÖW-Nr. E 19.049.

[23] Aus: „Arbeitslosenbänke am Fluß."

[24] E.-Geschwinder-Interview; Interview des Verfassers mit Hermine Kohlhauser (mit Kommentaren von Elfriede und Dr. Alois Geschwinder) vom 21. 2. 1987 (im folgenden zitiert als: Kohlhauser-Interview); „Sprechchor!" (Dezember 1937); DÖW-Nr. E 19.049.

[25] „Tragische Groteske" (16. 1. 1937); DÖW-Nr. E 19.049.

[26] Vgl. Richard Zach: „Die Straße." Hausarbeit aus Deutsch für die Reifeprüfung an der BLBA Graz, 1938 (masch.), S. 121; „Die Schattenseiten einer Großstadt", 7. Deutsch-Schularbeit (22. 5. 1937); DÖW-Nr. E 19.049.

[27] „Frühling" (siehe Anm. 22); A.-Geschwinder- und Geschwinder/Zach-Interview.

[28] Briefe Adolf Strohmaiers an den Verfasser vom 24. 6. 1986 (inkl. Lebenslauf Strohmaiers) und 9. 9. 1988; Brief Adolf Strohmaiers an Elfriede und Dr. Alois Geschwinder vom 21. 7. 1977; zum Fall Presterl vgl. „Arbeiterzeitung"/„AZ" vom 23. 4., 29. 4., 5. 5. und 8. 5. 1948 sowie „Wahrheit" (Graz) vom 22. und 24. 4. 1948.

[29] Ebenda; Brief Adolf Strohmaiers an den Verfasser vom 8. 7. 1986.

[30] Interview des Verfassers mit Alfred Steinbauer vom 8. 9. 1988 (im folgenden zitiert als: Steinbauer-Interview).

[31] Strohmaier-Briefe; Brief, Strohmaier an Geschwinder, 21. 7. 1977; A.-Geschwinder-Interview.

[32] Strohmaier-Briefe; A.-Geschwinder-Interview; Alfred Steinbauer glaubt sich erinnern zu können, daß es sich nicht um einen Film über den ersten Weltkrieg, sondern um den „Panzerkreuzer Potemkin" handelte.

[33] Anklageschrift gegen Eduard Eggert, Ernst Griessauer, Adolf Strohmaier u. a. vom 29. 5. 1937, Staatsanwaltschaft Graz, St 1460/37; DÖW.

[34] Ebenda; Steinbauer-Interview; Strohmaier-Briefe.

[35] Strohmaier-Briefe; A.-Geschwinder- und Steinbauer-Interview.

[36] Georgi Dimitroff: „Ausgewählte Werke", Bd. 2, Sofia 1976, S. 6.

[37] Steinbauer- und A.-Geschwinder-Interview.

[38] A.-Geschwinder-Interview.

[39] Flugblatt zur „Wohltätigkeitsakademie" (13. 12. 1936); DÖW-Nr. E 19.049; vgl. auch: Richard Zach: „Streut die Asche in den Wind!" Ausgewählte Gedichte, hg. u. eingel. v. Christian Hawle, Stuttgart 1988. (=Stuttgarter Arbeiten zur Germanistik. 198.), S. 104; A.-Geschwinder-Interview.

[40] A.- und E.-Geschwinder-Interview.

[41] Ebenda; Geschwinder/Zach-Interview.

[42] A.-Geschwinder-Interview; Tagebuch zur „Spielfahrt" (im Besitz Dr. Alois Geschwin-

ders); Gedächtnisprotokoll zu einem Gespräch mit Elfriede und Dr. Alois Geschwinder am 9. 9. 1988 (im folgenden zitiert als: Geschwinder-Gespräch).
[43] A.- und E.-Geschwinder-Interview.
[44] E.-Geschwinder- und Geschwinder/Zach-Interview; Brief, Geschwinder, 11. 10. 1988.
[45] Ebenda.
[46] Ebenda; A.-Geschwinder-Interview.
[47] Richard Zach, Briefe (Kassiber) an den Bruder u. a., Ende November 1942 bzw. an die Eltern, Anfang Dezember 1942; DÖW-Nr. 12.584/1; Franz Muhri: „Erinnerungen." In: „Volksstimme" (Wien), 22. 1. 1988; A.-Geschwinder-Interview; Muhri, „Volksstimme", 22. 2. 1988; „Franz Muhri nicht ganz privat" (Ernst Eppler). In: „Volksstimme", 23. 2. 1966.
[48] A.-Geschwinder-Interview; Eppler, „Volksstimme"; Geschwinder/Zach-Interview; Tagebuchblatt (15. 2. 1935); DÖW-Nr. E 19.049.
[49] Brief eines unbekannten F. H. an die Familie Zach (Marburg), 30. 5. 1943; DÖW-Nr. 2937 a (Transkr.); Geschwinder/Zach- sowie E.-Geschwinder-Interview.
[50] Gedächtnisprotokoll zum Gespräch mit Herrn Reg.-Rat Franz Bruno Rop vom 8. 9. 1988 (im folgenden zitiert als: Rop-Gespräch).
[51] „Aufstand!" (20. 3. 1936); DÖW-Nr. E 19.049.
[52] Rop-Gespräch.
[53] „So heißt also Krieg..." (Vortragsmanuskript vom 17. 1. 1936); DÖW-Nr. E 19.049.
[54] Steinbauer-Interview; Dieter Langewiesche: „Arbeiterkultur in Österreich: Aspekte, Tendenzen und Thesen." In: „Arbeiterkultur", hg. v. Gerhard A. Ritter (Königstein/Ts.), 1979. (=Neue Wissenschaftliche Bibliothek. 104.: Geschichte.), S. 40—57, hier: S. 45 ff; A.-Geschwinder-, Geschwinder/Zach- und Kohlhauser-Interview.
[55] Langewiesche, S. 47; E.-Geschwinder-Interview; Geschwinder-Gespräch.
[56] Steinbauer-Interview; Strohmaier-Briefe; Geschwinder-Gespräch.
[57] Ebenda.
[58] Zach-Interview.
[59] Vgl. Richard Zach, „Die Straße", Anm. (26); Horst Jarka: „Zur Literatur- und Theaterpolitik im ‚Ständestaat'." In: „Aufbruch und Untergang. Österreichische Kultur zwischen 1918 und 1938", hg. v. Franz Kadrnoska, Wien-München-Zürich 1981, S. 499—538, hier: S. 520.
[60] Strohmaier-Briefe; auch: Hautmann/Kropf, S. 171 f.
[61] Strohmaier-Briefe; A.-Geschwinder-Interview.
[62] A.-Geschwinder- und Steinbauer-Interview.
[63] E.-Geschwinder-Interview; zu Eichholzer vgl. Radomír Luža: „Der Widerstand in Österreich 1938—1945", Wien (1983/85), S. 137 f., 143.
[64] Strohmaier-Briefe.
[65] Ebenda; E.-Geschwinder- und Geschwinder/Zach-Interview; zum KJV-Widerstand siehe: Luža, S. 125 f., 151 f.
[66] Strohmaier-Briefe; Geschwinder/Zach-Interview.
[67] Gedächtnisprotokoll zum Gespräch mit Dr. Wolfgang Müller vom 28. 7. 1988 (im folgenden zitiert als: Müller-Gespräch). In der Waffenwerkstätte der Linzer Flak-Kaserne machte ein anderer KJVler zu dieser Zeit Dienst: Valentin Strecha. Auch er wurde zum Einsatz nach Südböhmen und Südmähren kommandiert. Siehe Bd. 1 der Reihe „Biografische Texte" (Valentin Strecha: „Widerstand für Österreich", Wien 1988, S. 79 ff.)
[68] Feldurteil gegen Richard Zach, Josef Red, Hugo Graubner und Alois Kaindl vom 17. 8. 1942 (inkl. Urteilsbestätigung vom 3. 9. 1942), Reichskriegsgericht Berlin, StPL

(RKA) I 547/41; DÖW-Nr. 3412 und 3638 (im folgenden zitiert als: Feldurteil).
[69] Müller-Gespräch; Feldurteil; A.-Geschwinder-Interview.
[70] A.-Geschwinder-, Kohlhauser- und Zach-Interview.
[71] A.-Geschwinder- und Steinbauer-Interview.
[72] Steinbauer-Interview.
[73] Ebenda.
[74] A.-Geschwinder- und Kaindl-Interview.
[75] A.- und E.-Geschwinder-Interview.
[76] Urteil, Alois Geschwinder.
[77] Kaindl- und Geschwinder/Zach-Interview; Strohmaier-Briefe.
[78] Kohlhauser-Interview.
[79] Ebenda.
[80] A.-Geschwinder- und Kaindl-Interview; Feldurteil; Urteil, Alois Geschwinder; Urteil gegen Elfriede Neuhold vom 20. 5. 1943, Oberlandesgericht Wien, 7 OJs 352/42; DÖW-Nr. 9749.
[81] Feldurteil; Urteil, Elfriede Neuhold; Geschwinder-Gespräch; Geschwinder/Zach- und Kaindl-Interview.
[82] Ebenda; Brief Franz Muhris an den Verfasser vom 13. 9. 1988; Steinbauer-Interview.
[83] Urteil, Elfriede Neuhold; Urteil gegen Hildegard Burger vom 20. 5. 1943, Oberlandesgericht Wien, 7 OJs 201/42; DÖW-Nr. 181; zu Maier siehe: Luža, S. 138, und Kaindl-Interview.
[84] Kaindl-, A.-Geschwinder- und Steinbauer-Interview.
[85] Luža, S. 121, 162; Geschwinder-Interview; Interview des Verfassers mit Ditto Pölzl (mit Kommentaren von Dr. Alois Geschwinder) vom 26. 7. 1988 (im folgenden zitiert als: Pölzl-Interview); Protokoll des Strafprozesses gegen Johann Stelzl (inkl. Zeugenaussagen und Urteilsspruch); Graz 1946/47; DÖW-Nr. 13.158 a (e, g).
[86] Pölzl-Interview; Luža, S. 126 f.
[87] Luža, S. 137 f.; Pölzl-Interview.
[88] Geschwinder/Zach-Interview; Feldurteil; Urteil, Elfriede Neuhold; A.-Geschwinder-Interview.
[89] Feldurteil; Urteil gegen Marie Fleischhacker, Rosina Schroffler, Marie Neuhold und Erich Neuhold vom 18. 5. 1943, Oberlandesgericht Wien, 7 OJs 354/42; DÖW-Nr. 9751; Urteil gegen Friedrich Griessl (o. J.), J 295/42 (Abschrift); DÖW-Nr. 1843.
[90] Muhri, „Volksstimme", 22. 1. 1988.
[91] Meldung wichtiger staatspolizeilicher Ereignisse, Nr. 3, 18. 11. 1941, Reichssicherheitshauptamt Berlin/Amt IV, S. 3; DÖW-Nr. 3410; auch: Stelzl-Prozeß; Schreiben des Reichsstatthalters in der Steiermark an Richard Zach vom 6. 11. 1941; DÖW-Nr. 520 c; zu den Berufsverboten in der BRD vgl. Wolfgang Abendroth: „Arbeiterklasse, Staat und Verfassung. Materialien zur Verfassungsgeschichte und Verfassungstheorie der Bundesrepublik", Frankfurt/M. 1975. (=Studien zur Gesellschaftstheorie), S. 243 ff., 295 ff.
[92] Strohmaier-Briefe.
[93] A.-Geschwinder-, Kohlhauser- und Kaindl-Interview; Urteil, Alois Geschwinder.
[94] A.-Geschwinder-Interview; Zeugenaussage von Alfred Zach am 12. 3. 1946, Stelzl-Prozeß, S. 46; Erste Zeugenaussage von Alfred Zach (o. D.), Stelzl-Prozeß, S. 21; Steinbauer- und Kohlhauser-Interview.
[95] A.-Geschwinder- und Geschwinder/Zach-Interview; Brief von Dr. Alois Geschwinder an den Verfasser vom 1. 9. 1985.

[96] Brief, Alois Geschwinder; Richard Zach, Brief (Kassiber), Dezember 1942, siehe Anm. (22).
[97] Geschwinder/Zach-, Zach- und A.-Geschwinder-Interview; Brief, Geschwinder, 11. 10. 1988.
[98] Kassiber (o. D.); DÖW-Nr. 12.584/1.
[99] A.-Geschwinder-Interview; Kassiber (o. D.); DÖW-Nr. 12.584/1.
[100] Schreiben des Reichsministers für Justiz an Rupert Zach vom 29. 5. 1942; DÖW-Nr. 520 c; Schreiben Dr. Willy Hahns an Rupert Zach vom 17. 8. 1942; DÖW-Nr. 520 c; Feldurteil.
[101] Kaindl-Interview.
[102] Zeugenaussage von Alfred Zach am 12. 3. 1946, Stelzl-Prozeß, S. 46; Kaindl-Interview.
[103] Offizieller Brief am Urteilstag (18. 8. 1942); DÖW-Nr. 2937 a (Transkr.).
[104] „Bruchstücke zum 18. August", II; DÖW-Nr. E 19.049 (Orig.) bzw. 2937 b (Transkr.).
[105] A.-Geschwinder- und Kaindl-Interview.
[106] Persönliche Mitteilung von Alfred Zach, Ende Juni 1987; Schreiben von Dr. Willy Hahn an Alfred Zach vom 24. 2. 1943; DÖW-Nr. 520 c; auch: Geschwinder/Zach-Interview; „Notiz", Kassiber; DÖW-Nr. 12.584/2 (Orig. und Transkr.).
[107] Die Aufzeichnungen dieses Briefes beginnen mit 1. September und enden mit 9. September 1942 (im folgenden zitiert als: Brief, 1. Sep. bzw. 2. Sep. usw.) — das Original befindet sich im Besitz von Dr. Alois Geschwinder; DÖW-Nr. 2937 d.
[108] „Richard Zach. Ostmark. Graz/Pestalozzistr. 67/Gef. B. Nr. 133/II/GII/205/Berlin NW40/U-Haft Moabit"; DÖW-Nr. E 19.049 (Orig.) bzw. 2937 a, b, c, d, e, f (Transkr.); Brief, 1. Sep. 1942 und 8. Sep. 1942; Brief, Geschwinder, 1. 9. 1985.
[109] Kassiber; DÖW-Nr. 12.584/1 (Orig. u. Transkr.).
[110] Luža, S. 143; Brief von Dr. Alois Geschwinder an den Verfasser vom 7. 7. 1987; Kaindl-Interview; Kassiber; DÖW-Nr. 12.584/1 (Orig. u. Transkr.); Urteil, Friedrich Grießl.
[111] Kassiber; DÖW-Nr. 12.584/1 (Orig. u. Transkr.).
[112] Wie Anm. (109).
[113] Brief aus Berlin-Brandenburg vom 25. 1. 1943; DÖW-Nr. 2937 a.
[114] Kohlhauser-Interview; Brief, Brandenburg, 25. 1. 1943; „Unkonventioneller Rat"; DÖW-Nr. E 19.049 (Orig.) bzw. 2937 c (Transkr.).
[115] Richard Zach, Brief am Hermine Kohlhauser, Berlin-Brandenburg, 27. 1. 1943 (Original im Besitz von Hermine Kohlhauser); DÖW-Nr. 2937 a (Transkr.).
[116] Der katholische Pfarrer des Zuchthauses Brandenburg an den Pfarrer Schöller (Graz), 15. 2. 1943; DÖW-Nr. E 18.452 (Kopie des Orig.).
[117] Brief des unbekannten F. H., vgl. Anm. (49).
[118] Brief, 1. Sep. 1942; Urkunde Nr. 111/5416; DÖW-Nr. 520 c; Schreiben des Oberstaatsanwalts beim Landesgericht Potsdam an Rupert Zach (Graz), 23. 2. 1943; DÖW-Nr. 520 c.
[119] Brief, Alfred Zach, 2. 9. 1985; Mitteilung von der Überführung der Urne mit der Asche Richard Zachs sowie von der Beisetzung (Totenblatt), Graz, November 1947.
[120] Hans Höller, Rezension zu Hawle (vgl. Anm. 39), gekürzt erschienen in: „SALZ", Salzburger Literaturzeitung, Jg. 14/54, S. 8.
[121] Brief, 1. Sep. 1942; „Von der Bewegung", zitiert nach Hawle, S. 114; Brief, 2. u. 3. Sep. 1942; „Epigramm"; DÖW-Nr. E 19.049 (Orig.) bzw. 2937 d (Transkr.); „Dem brausenden Leben", zitiert nach: Hawle, S. 110.
[122] Brief, 1. Sep. 1942.
[123] „Köter", „Ochsenballade", „Der Blinde", „Der Sohn des Blinden", „Der Enkel des

Blinden", zitiert nach: Hawle, S. 136 f., 132 ff., 147 ff.; „Regenwürmer"; DÖW-Nr. E 19.049 (Orig.) bzw. 2937 e (Transkr.).
[124] Brief, 1. Sep. 1942.
[125] „Gang und Kür" (Gedichtsammlung), VII, XIX, „Die neue Zeit"; DÖW-Nr. E 19.049 (Orig.), Transkriptionen im Besitz von Alfred Zach bzw. Richard Zach, Hausarbeit, S. 143; „Die großen Städte" a, b, e, zitiert nach: Hawle, S. 165 ff.
[126] Brief, 1. Sep. 1942; „Von der Bewegung", vgl. Anm. (121).
[127] „Die Nächte"; DÖW-Nr. E 19.049 (Orig.) bzw. 2937 b (Transkr.).
[128] „Die Sterne", zitiert nach: Hawle, S. 221.
[129] Brief an Hermine Kohlhauser, 27. 1. 1943.
[130] Harald Sattek: „Die Vergessenen und die Unbekannten." In: „Aufrisse. Zeitschrift für politische Bildung" 3 (1982), Nr. 2, S. 10—17, hier: S. 14; Josef Martin Presterl (Hg.): „Bekenntnis zu Österreich. Moderne Arbeiterlyrik." Graz (1945); Höller, Rezension.
[131] Zach-Interview.
[132] „strom" vom 1. 7. 1947; „Mailied 1942"; DÖW-Nr. 12.584/2 (Orig. u. Transkr.); Richard Zach: „Der Weg ins Licht." Hg. v. Felix Hubalek, Wien (1948), S. 25.
[133] Brief, Alois Geschwinder, 1. 9. 1985; „Wahrheit" (Graz) vom 12. 3. 1948, vgl. auch: „Wahrheit" vom 1. 7. 1950, 1. 11. 1950, 3. 12. 1950, 28. 1. 1951, 11. 3. 1951, 3. 5. 1951, 1. 6. 1952.
[134] Ein Überblick über den Abdruck von Zachschen Gedichten in Zeitungen und Zeitschriften sowie in Anthologien ist zu finden bei: Hawle, S. 71 bzw. 339 f; „Lesebuch der Weltliteratur." Bd. 4, Wien (1949); Rudolf Felmayer (Hg.): „Dein Herz ist deine Heimat." Wien (1955).
[135] Richard Zach: „Niemals wieder!" Zellengedichte, hg. v. Gerhard Jaschke und Hermann Schürrer, (Wien 1978). (=Freibord. 11/12.); Brief Gerhard Jaschkes an die Redaktion der „Volksstimme" (Wien) vom 12. 8. 1985.
[136] „Wandspruch", zitiert nach: Hawle, S. 128; Persönliche Mitteilung von Alfred Zach, Elfriede und Dr. Alois Geschwinder, Ende Juni 1988.
[137] Brief Univ. Prof. Dr. Ulrich Müllers (Salzburg) an den Verfasser vom 3. 2. 1987.
[138] Alois Hergouth in der „Wahrheit" (Graz) vom 28. 1. 1951.

Gedichteverzeichnis

Im folgenden sind alle in diesem Band vollständig abgedruckten Gedichte nach Titeln alphabetisch aufgelistet. Dazu wird hingewiesen, wann die Gedichte (vermutlich) entstanden sind, und in welcher Form sie existieren: entweder als Kassiber, auf Notizblättern, im Gedichte-Tagebuch oder in jener reichhaltigen A-5-Mappe aus der Haftzeit in Berlin. Für bereits veröffentlichte Gedichte wird die Edition: Richard Zach: „Streut die Asche in den Wind." Ausgewählte Gedichte, hg. u. eingel. v. Christian Hawle, Stuttgart 1988 (=Stuttgarter Arbeiten zur Germanistik. 198.) angegeben; diese wird jeweils in Kurzform (Hawle) mit Seitenhinweis erwähnt. Bei erstmalig publizierten Gedichten folgt der entsprechende Vermerk. Abschließend wird die Seite angeführt, auf der das jeweilige Gedicht wieder in diesem Band zu finden ist.

AUFMUNTERNDES SPRÜCHLEIN — 17. 9. 1942, Berlin; Hawle, S. 209. S. 152.

AUGUST — Zwischen 4. — 9. 1942, Berlin; Hawle, S. 198. S. 192.
AUS MEINER JUGEND — Zwischen 4. — 9. 1942, Berlin; Erstabdruck, S. 27 ff.
DANN HOLEN SIE... — Ohne Datum, Kassiber; Hawle, S. 240. S. 135.
DANN LIEBER — Ohne Datum, Kassiber; Hawle, S. 237 f. S. 62 f.
DARUM — Ohne Datum, Kassiber; Hawle, S. 45. S. 172.
DEM ZUM TOD VERURTEILTEN GENOSSEN — Dezember 1942, Kassiber; Hawle, S. 240. S. 168.
DEN GENOSSINNEN — Dezember 1942, Kassiber; Hawle, S. 190. S. 81.
DEN KOPF ERHOBEN — 13. 9. 1942, Berlin; Hawle, S. 248. S. 161.
DER BLINDE — Mitte März 1941, Notizblock; Hawle, S. 147. S. 186.
DER BRUDER — 20. 10. 1942, Berlin; Erstabdruck, S. 23.
DIE BALLADE VOM FEBRUAR 1934 — Original nicht auffindbar; Erst-(Gesamt-)Abdruck, S. 43 ff.
DIE IMMER ERST FRAGEN — Ohne Datum, Kassiber; Hawle, S. 151 f. S. 75.
DIE NEUE ZEIT — 1. 7. 1936, Gedichte-Tagebuch; Erstabdruck, S. 69.
DIE VERFÜHRTEN — Zw. 4. — 9. 1942, Berlin; Hawle, S. 154 f. S. 199 f.
EIN BLATT — Zw. 4. — 9. 1942, Berlin; Hawle, S. 213 f. S. 193 f.
EIN NEUES JAHR? — Zw. 17. 12. 1941 — Mitte Jänner 1942, Kassiber (gemorst, von Alois Geschwinder festgehalten); Hawle, S. 173 f. S. 146 f.
1. MAI! — 20. 4. 1937, Gedichte-Tagebuch; Hawle, S. 182. S. 96.
ES SOLL IN UNSERN REIHEN... — Nach dem 14. 2. 1942, Kassiber; Hawle, S. 190 f. S. 56 f.
GEWISSHEIT — Nach dem 14. 2. 1942, Kassiber; Hawle, S. 246 f. S. 195.
HAGELSCHLAG — Zw. 4. — 9. 1942, Berlin; Hawle, S. 186 f. S. 139.
HERMA — 8. 9. 1942, Berlin (A 4-Brief); Erstabdruck, S. 126.
ICH SEHE LICHT — 4. 10. 1942, Berlin; Hawle, S. 195 f. S. 189 f.
ICH WILL KEIN ROMANTISCHER MÄRTYRER SEIN — Nach dem 14. 2. 1942, Kassiber; Hawle, S. 255 f. S. 84 f.
IM ZUCHTHAUS — Original nicht auffindbar; Hawle, S. 229. S. 154 f.
KÖTER — Zw. 4. — 9. 1942, Berlin; Hawle, S. 183 f. S. 136 f.
MAHNUNG — Nach dem 14. 2. 1942, Kassiber; Hawle, S. 239. S. 5.

MAHNUNG AN EINEN BÖSEN JUNGEN — 27. 9. 1942, Berlin; Hawle, S. 199. S 140 f.
MEIN LIED — Zw. 4. — 9. 1942, Berlin; Hawle, S. 277 f. S. 208 f.
MORGEN WIRD DER RICHTER SPRECHEN — Ohne Datum, Kassiber; Hawle, S. 247. S. 153 f.
NIEDER MIT DEM RAUBKRIEG — Ohne Datum, Kassiber; Hawle, S. 174. S. 130.
REVOLUTIONSLIED — Nach dem 14. 2. 1942, Kassiber; Hawle, S. 182 f. S. 121.
SEID NICHT KLEINLICH — Ohne Datum, Kassiber; Hawle, S. 191. S. 201.
SPRUCH! — 28. 7. bzw. 31. 7. 1937, Notizblätter; Hawle, S. 156. S. 91.
STADTKIND — Zw. 4. 9. 1942, Berlin; Hawle, S. 170 f. S. 51 ff.
UND WENN DIE MASSE STURMBOCK IST — Ohne Datum, Kassiber; Hawle, S. 183 f. S. 103.
UND WENN ICH STERBE — Zw. 4. — 9. 1942, Berlin; Hawle, S. 253. S. 163 ff.
VERRÜCKTES LIED — Ohne Datum, Kassiber; Hawle, S. 246 f. S. 169 f.
VIELLEICHT — Original nicht auffindbar; Hawle, S. 233. S. 145.
VOM FRUCHTEN — 13. 11. 1942, Berlin; Hawle, S. 90. S. 180 f.
VON DER BEWEGUNG — 25. 9. 1942, Berlin; Hawle, S. 114. S. 179.
WARUM ICH DENNOCH MICH ERHOB — Nach dem 14. 2. 1942, Kassiber; Hawle, S. 252. S. 33 f.
WAS SOLL ICH... Zw. 17. 12. 1941 — Mitte Jänner 1942, Kassiber; Hawle, S. 260. S. 176 f.
WEICH FÄLLT DER SCHNEE... — Original nicht auffindbar; Hawle, S. 123. S. 106 f.
WERDE EIN GUTER BÜRGER — Nach dem 28. 12. 1941, Notizblatt; Hawle, S. 124. S. 37 f.
ZWEIFEL — 20. 11. 1942, Berlin; Hawle, S. 192. S. 205.

NAMENSVERZEICHNIS

Adler, Max 89
Albrecht 87

Bambasaro, Maria 17
Bebel, August 77
Binder, Wilhelm 87
Brecht, Bertolt 117
Burger, Hildegard 129, 131

Deutschmann, Hans 118 f.
Dimitroff, Georgi 62, 76
Dinawitzer, Johann 90
Draschbacher 58
Drews, Karl 104, 134, 167
Dumas, Roland 204

Ehrenburg, Ilja 73, 77
Eichholzer, Herbert 101, 133 f., 167
Engels, Friedrich 76, 180
Erwin, Franz 119

Faritsch, Fritz 61
Felmayer, Rudolf 201
Fleischhacker, Marie 129
Franco, Francisco 54
Frank, Wilhelm 133
Franz, Wilhelm 17

Gasser, Paul 58
Geschwinder, Alois 9 ff., 31, 34, 43, 59, 61, 64 f., 67 f., 73 ff., 90 f., 98 f., 104, 112, 114, 118, 120, 123 ff., 128, 131 f., 134, 136, 142, 144, 146 f., 149, 153 f., 198, 202
Geschwinder (Neuhold), Elfriede 10 ff., 68, 71 ff., 83, 90, 100 f., 104 f., 119 f., 123, 127 ff., 133, 136 f., 140, 167, 202
Gölles, Anton 71 f., 92
Gölles, Grete 24 f., 71, 92 f., 115
Goethe, Johann Wolfgang von 80
Gorbach, Alfons 98
Gorki, Maxim 76
Gottlieb 58
Graubner, Adolf 124

Graubner, Hugo 119, 124, 127 f., 142, 153 f., 156 ff., 167
Grießauer, Ernst 61
Grießl, Friedrich 24, 26, 124, 131, 137, 167 f.

Haboth 58
Hahn, Hildegard 55
Hahn, Willy 152, 163, 168
Hegel, Georg Wilhelm Friedrich 80
Hergouth, Alois 198, 200, 206
Hinteregger, Robert 15
Hitler, Adolf 87 f., 137
Hödl, Karl 119
Höller, Hans 178, 197
Hofer, Erika 92, 115
Hofer, Hilde 92, 115
Honner, Franz 133
Hubalek, Felix 198, 200

Jarka, Horst 95
Jaschke, Gerhard 201
Jöbstl, Ernst 129
Jost, Anton 87

Kaindl, Alois 119, 124, 127 f., 131, 142, 153 f., 156 f., 158 ff., 167
Kanitz, Otto F. 77
Kant, Immanuel 80
Kisch, Egon Erwin 83
Klobasser 87
Koch, Erna 59
Kohlhauser, Hermine 124 ff., 142, 144, 170, 172 ff.
Krainer, Bertl 119
Krainer, Hilde 77

Langewiesche, Dieter 89
Lanner, Franz 24
Lazic, Josef 129
Leskovar, Emmerich 77
Lippl, Alois Johannes 71
London, Jack 125
Luža, Radomír 132

Maier, Ines Victoria 129, 133

Maier, Rudolfine 59
Marx, Karl 76 f., 180
Meitzen, Olga 59
Moravec 58
Müller, Ulrich 204
Muhri, Franz 78 ff., 129, 137 f.

Nemschak, Franz 98
Neubauer, Erich 92
Neubauer, Rudolf 92
Neuhold (Geschwinder), Elfriede 10 ff., 68, 71 ff., 83, 90, 100 f., 104 f., 119 f., 123, 127 ff., 133, 136 f., 140, 167, 202
Neuhold, Erich 12 f., 119, 128 f., 136, 140
Neuhold, Josef 11 f., 100, 104, 129, 133 f., 136, 140, 167

Paierl, Erika 77
Pirker, August 133
Pirzl, Georg 87
Podhoustnik 58
Pölzl, Ditto 132
Presterl, Josef Martin 53 f., 58, 64, 167, 196
Puschmann, Erwin 133

Rabziens, Kostja 83
Rataj, Erich 108, 110
Red, Josef 118 f., 125, 127, 142, 153 f., 156 ff., 167
Regner, Leopold 66, 87
Rop, Franz Bruno 86 f.
Rumpler, Willibald 61

Schalin 58
Scherbaum, Josef 100
Scherzer, Richard 66, 87

Schroffler, Rosina 129
Schürrer, Hermann 201
Schütte (-Lihotzky), Margarete 133
Schuschnigg, Kurt 98
Segal 77
Seidnitzer 87
Shakespeare, William 80
Sinclair, Upton 77
Soyfer, Jura 95
Spielmann, Hans 58, 61
Stalin, Josef 77
Starhemberg, G. Rüdiger 35
Steinbauer, Alfred 58 f., 61, 64, 89 ff., 99 f., 104, 114 f., 117, 119, 124, 129, 144, 211
Stelzl, Johann 61 f., 132, 142, 144
Strecha, Valentin 212
Strohmaier, Adolf 54, 58 ff., 64, 68, 74, 77, 90 ff., 98 f., 101, 104, 119, 124, 141 f.
Strohmaier, Kurt 119
Szakowitsch, Friederike 26, 92 f., 115 f.

Waagner & Biró (Fabrik) 132
Weiß, Adolf 61
Weiss, Franz 104, 134, 167
Weitzer (Fabrik) 24
Wendl 58
Wochnar, Josef 118

Zach, Alfred 9, 17 ff., 31, 33, 36, 39, 71, 80, 83, 92, 111 f., 114, 144, 148 f., 154, 163, 175, 197 f., 202
Zach, Johann 18
Zach, Josefa 18 f., 31
Zach, Rupert 17 ff., 152
Zach, Wilhelmine 17 ff., 31 f., 38 ff.

Biografische Texte zur Geschichte der österreichischen Arbeiterbewegung

Band 1

Valentin Strecha: Widerstand für Österreich

1988
204 Seiten, **vergriffen**

Band 2

Max Stern: Geschichte wird gemacht

Vom Lehrlingsstreik 1919
zum Freiheitsbataillon 1945
1988
173 Seiten, **S 125.—**

Bestellungen an:
Globus Buchvertrieb
A-1010 Wien
Trattnerhof 1